刘星·著

法学阅读

（修订2版）

Law Reading
Enriches the Mind

中国法制出版社
CHINA LEGAL PUBLISHING HOUSE

PREFACE

精装第二版序

2015年《法学阅读》在中国法制出版社出版。本书主要由法律图书评论组成。成书的缘由及设想，读者可在《序言》中参阅。现在，中国法制出版社和该社胡艺编辑希望改进本书的封面，这是鼓励和鞭策。让内容和外表相互发明，以好看的装潢衬托书中文字，很是有益。我们容易首先接受视觉的好看，后再接受文字的好看。当然，文字是否好看，由衷希望读者批评判断了。

对中国法制出版社和胡艺编辑的不断支持，深表谢意！

刘星

2017年冬于北京

PREFACE

自 序

这本书主要由若干法学著作的阅读评论组成。交代几件事情。

第一，其中有些内容曾是《法学作业》（法律出版社 2005 年版）的一部分，现挑选出，另附加少许。这些内容可以独立成书，因为它们是典型的法学阅读。显然，法学阅读是对法律的“阅读”，却首先常是对法学本身的“阅读”。一般看，读书总是有目的的，有选择性还有偏好，从拿起一本书开始就无法逃避价值判断的控制，所以阅读后的思考总会有一个大致的逻辑，而这个逻辑表明了系列阅读后的组合有可能成书。

第二，因为偏好，本书内容不回避“主观性”，甚至乐意展示。也因此，本书也可视为表达了作者的一些法学主张。

第三，如今法学著作规模十分壮观，学术生产的欲望已经最大化，这对法律与法学未尝不是好事。即使观点各异，使人眼花缭乱，甚至让人觉得水平参差不齐，阅读对象的丰富依然是思想启发的必要条件。就此而言，加之上述“主观性”，本书不可避免地存在偏颇。

第四，本书评论涉及的某些著作，其版本常是初版。似应依据最新版本再修订。但基于以下两点可暂缓：其一，版本还会再更新；其二，评论时间和版次时间相对应，也不失其意义，因为语境或许更相容，或许更存“同情”的理解。当然本书依次注明了现在的各种新版本，感兴趣的读者可以查阅。

最后，要特别感谢中国法制出版社和该社编辑刘峰先生，缘其鼓励、支持本书的出版，这是一份厚爱。

期待读者的批评、指正。

刘星

2015 年春于北京

CONTENTS

目　录

CHAPTER 1　“漂亮”的书　001

CHAPTER 2　政法实践的故事

——读《政法笔记》　009

CHAPTER 3　走进现实的法律生活

——读《送法下乡》　021

CHAPTER 4　解读本土法律文化的一种独特方式

——读《法治及其本土资源》　055

CHAPTER 5　研究中国法律教育之路

——读《中国法律教育之路》　065

CHAPTER 6 法律为何简约，何为简约

——读《简约法律的力量》 077

CHAPTER 7 奥斯丁的“法律分析”

——读《法理学的范围》 111

CHAPTER 8 追踪法律的效力

——读凯尔森的《法与国家的一般理论》133

CHAPTER 9 怎样发现社会中的法律

——读《法律的概念》 139

CHAPTER 10 雄辩，以及法律中的雄辩

——读《法庭之王》和《哈佛雄辩》 189

CHAPTER 11 花生仁儿

——读《印第安人咒语》 197

CHAPTER 12 民众之中的法

——读《今日说法》 203

CHAPTER 1

“漂亮”的书 *

先要让人觉得有“想法”，次之有“伸展”，接下来就是带上“想象”。它们都是书内容的漂亮。

* 原载《南方周末》2004年5月13日，D30版。

将“漂亮”两字用引号夹住，表明其意思在这里不是常解的含义。现在的书，都做得漂亮，不论外表设计还是内里排版，都要有醒目的地方，更有趋势者为图文并茂，不然，真是难以吸引走进书店的人的注意力。书的视觉效果渐渐排到第一位，而且“出位”，书商 21 世纪的做书战术底线是：不能淹没在书海中。

只是漂亮总有区分。此一漂亮和彼一漂亮终究不同。书的内容好看，也是一种“漂亮”。我不认为书的包装漂亮一定低于内容漂亮，前者也是陶冶情趣的方式，为培养适度“布尔乔亚”的人文精神所必需，有如找情人不能只找心理美一样，但是，我的确更喜欢书的内容“漂亮”。

当然，不论怎样的“漂亮”，都是一种时尚。这是说，“漂亮”也有语境化的问题。我们难免是在一个特定时空里欣赏它，谈论它。说一本书“漂亮”，甚至说最喜欢它，一定是指特定时间个人的一种感受。一旦条件发生变化，比如，社会公众的思想嗜好发生变化，你的思想嗜好，还有我的思想嗜好，发生了变化，“漂亮”的感受也会发生变化。于是萝卜白菜偏好的对峙就出现了。这是时尚的特点。

举三个例子。

多年前，就看过冯友兰先生的《中国哲学简史》。这本书原是英文，为美国学生了解中国哲学而作，是为“导论”，后被翻译成中文，相信一直到现在都是学生喜欢的书及学界的畅销书，毕竟，近来就连资讯最发达的大众网站都相继报道，又有新译本出来，而且以往销量已是了得。这本书就是内容“漂亮”。当时我至为喜欢。

《中国哲学简史》写得流畅，一读起来，就能被牢牢地吸引住，期待一口气翻完，不能停下。其中首要的部分就是讲中国哲学的精神。讲“一种精神”，是很大的企图，对学者来说尤其如此。可是大企图容易走飘，在有限的“简史”“概论”之类的文本空间中，一不小心就会空洞，变成想遭人瓦解都没法被人瓦解的宏伟叙事。而《中国哲学简史》干得牢实，可谓星星之火可以燎原。《中国哲学简史》其余部分，分讲中国哲学的若干基本派别的思想，自然同样是伸缩自如。作为一种导论，读者定位又是外国学生，这就需要写得易理解、好阅读，当然还要有“想法”，也就是要有点有道理的“想法”，因为，有品位的学生不仅想知道一般性的知识资讯，还想知道推理、体会智慧，以从中模仿一二。冯先生是哲学家。哲学家写哲学史和“档案家”写哲学史，自是有所分别。

这是第一个例子。

第二个例子是美国法学家德沃金的《法律帝国》。我读这本书的一小部分缘由是业内的任务，要从事法学研究。初读时，见英文本，也是多年前看的。当然现在依然时时“再回首”。记得前些日子，德沃金来中国，随从他到访的一位批判法学的领军人物凯瑞斯（David Kairys）对我说：“德沃金是 ghost（鬼）。”我问为什么，他就说：“反正是 ghost、ghost……”凯瑞斯倡导法律的批判理论，其意思是，要好好看看法律到底是什么货色，那可是资产阶级的意识形态，对老百姓不是什么福音，研究法律首先要站稳阶级立场，“先红后专”。而德沃金讲的是所谓自由主义法律理论，把法律说得像朵花儿一样，他说，只要在法律中把权利这一根本坐实，“认真对待权利”，法律的魅力就无法估量。两人相互之间当然是要较劲的。不过，“ghost”在凯瑞斯那里还有“出神入化”的意思，虽说立场各异，但学问还是有个佩服与否的标准，而凯瑞斯佩服德沃金的论说能力，故有“ghost”一词的多义使用。

《法律帝国》说法官是法律帝国里的王子，重要得不能再重要了。从法官自身的角度，从法官的审判活动，德沃金娓娓道来法律的机理。有意思的是，通过爬梳整理，一步一个脚印，以小见大，他居然可以将法律说成“富有弹性”的制度 ghost，其中包含规则、原则、学理，还有政治道德。我们都说法律是一类规则，但德沃金就可以论证得让你信服法律不单是规则，更重要的是另外一些需要靠思考推理才能获得的理论和理想。这本书真像一棵树，有根，有枝，还有叶，有层次地伸展、开放，读来也是“漂亮”。我开始读的时候，当然是那个特定时候，的确觉得这书是极品。

这本书也有中文本。

再一个例子是《柏拉图对话录》。读《柏拉图对话录》，你会发现各种人物的对话都很有意思，一来一往，互赠学问，而且没完没了。那是一种到现在都还有人要模仿的叙事体。对《柏拉图对话录》，评论的人太多了，并且常常是专家，我这里只提一点。这就是我以为其中最有趣的地方，也许是“理论的想象”。有人说理论可以推论出来，只要有经验和推理前提。这没错。不过我倒觉得“想象”有时对理论是更重要的。固然应该说，一个人可以“想到”“说道”“谈出”什么理论，另一个人不行，但是，就像有人可以想象出一个世界而另一个人不行一样，我们也能说一个人可以“想象”出一些理论，另外一个人却缺乏这种能力。不然，我们就很难理解为什么《柏拉图对话录》中的推论可以不断延展，没完没了……理论之间的关系，我以为，有如字词之间的关系，像无限的网可以编织在一起，甚至可以交互续接。而真要编织续接在一起，是一定要有想象力的。这也是我从前一段时光里最为深切的感受。

于是，先要让人觉得有“想法”，次之有“伸展”，接下来就是带上“想象”。它们都是书内容的漂亮。人人都爱漂亮，既然漂亮就会喜欢。编辑说，写写你最喜欢的几本书。我觉得前面几本书“漂亮”，故将其奉为特定时间里的最喜欢者。其余就要听高人的了。

CHAPTER 2

政法实践的故事

——读《政法笔记》*

《政法笔记》在使“批判的武器”变成“武器的批判”之际，也使“武器的批判”回溯成为“批判的武器”。

---

* 原载《南方周末》2004年4月1日，D30版。

《政法笔记》(以下简称《笔记》)出版了。[1]作者，旅美学者冯象。[2]21世纪的第一个年头,《读书》杂志设一专栏，名叫《政法笔记》，主持者就是冯象，缘其对法律的深刻理解和撰述“法律故事”的绝佳文学技艺。近年来，学界甚至其他领域的读者，对《读书》颇有微词，但《读书》宽以待人，同时“我行我素”，从而，好文依旧不断,《政法笔记》便是其一。

取名“政法”，可能会造成一些误解，正如作者自己所说，中国“政法战线”“政法干部”之类的语词使用层出不穷。这样，此一“政法”嵌入彼一“政法”，自然易引发不断的融合想象，以为又一“政法作者”加入了红色战斗行列。然而，细细思来，翻读《笔记》，可能没有人会怀疑中国法律实践，甚至西方法律实践，从来都是政法式的。故而，问题不在于是否“政法”，而在于怎样“政

① 江苏人民出版社2004年版；北京大学出版社2012年增订版。

② 现为清华大学法学院梅汝傲讲席教授。

法”，也就是怎样成为“政法实践故事”的观察者、写作者、参与者（红色与否则是另外的问题），从而使自己成为独特的“政法”风景线。

一

为理解《笔记》论及的“政法”，应当知道法律实践和法学实践中的一个“老账目”。

从《政法笔记》头篇文章刊出，至其成书出版，中国法治建设中出现了许多令人不断思虑甚至忧虑的问题，择其轰动而又影响深远者，如孙志刚、李慧娟、刘涌之案件，还有屡禁不止且越发疯狂的官吏腐败。大家知道，中国从来都有文本的法律，堪称颇为详尽，言之凿凿。但是，法律文字一旦进入生活实践就变样、变味、变戏法了，不知为何总和常人理解的相去甚远，就连部分法官和律师之类的“法共体”（“法律共同体”的简称）成员，也白天街头为民“有一说一，我是严守一”式地从事法律文字咨询服务，晚上则在“手机通话”后，相继躲进“黑色法律交易的夜幕”。

这是什么问题？

有人说，这是有令不行，有禁不止，简称执法司法不力，民间谓之腐败。有人说，这是执法司法素质不高，故而应该提高法学教育水平，教育之中除了业务培训之外还要有职业道德提升，专家谓之提高门槛。有人说，法律文字还是不够详尽，应该继续开会、讨论、制定、发布，民间和专家都谓之健全制度。还有说，监督不够，权力集中，应该建立有效的“循环人盯人”机制，人人谓之相互制约。

这些说法，都暗含了一个假定：法律文字和法律实践走上了方向不同的道路，故而，我们必须看到“本本法律”和“行动法律”的区别。于是，变样、变味、变戏法的问题，就成了法学学问中经典的“说一套（本本中法律）做一套［行动中法律（尽管这法律有时称潜规则更合适）］”的问题。在做这样理解的过程中，法律职业人士，当然包括法学家，也就开始不断地争论立法与司法、效力与实效、国家法与民间法、“本本法律”与“行动法律”的关系，有时还相互叫板。当然，也有研究策略制定方案的，对之整理以备后用。接着，法律文字和法律实践本身的书写也就记录下了日日重复、天天盘算的“老账目”。“老账目”里虽有日期更新，却少有新鲜记载。

《政法笔记》试图打开我们认识法律实践的又一途径，从侧面展开游击战、运动战，重新开启“中国革命”的政法实践故事，同时清算一下老账目。

本书作者有这样一个认识：法律是政治的晚礼服，或者是时常需要写真的新衣服。[①] 这意味着法律多半是个装饰性的理由：没有它不行，有它也是为了拿来说事。对于包括法学家在内的法律从业者来说，当然还有常人，这可能有些残酷，法律怎么可以是用来装饰的？

我想，我们也许是可以这样看问题的。这需要一层道理。

在出现问题后，譬如前面提到的孙志刚、李慧娟、刘涌的案子，以及官吏腐败，人人都会想到法律，更准确地来说是"法律文字"，也就是现代一定要通过印刷术来宣传表达的法律条文。可是，有的时候，我们会说"条文清楚"，有时会说"条文不清""条文有漏洞"，仿佛条文本身真的可以独立存在。这是"老账目"管家们最常有的看法。

然而，换个思路：如果认为，条文文字需要我们理解，我们大家理解一致的时候，条文就清楚了；我们大家理解有分歧的时候，条文就不清楚了或有漏洞了，那么，情形就大不一样了。比如，在孙志刚案件中，我们大家的理解基本一致，故而才说这条文、那款项是十分清楚的，这就把收容审查条例之类的东西送入

---

① 冯象：《政法笔记》，江苏人民出版社 2004 年版，第 3、146、157 页。

了坟墓。可在李慧娟、刘涌的案件里，我们大家的理解有分歧了，就连法院内部都有分歧（李慧娟法官及支持者到现在都认为自己是正确的，而在刘涌案件中，尽管都认为刘涌有罪，但有人还要坚持自己的证据程序观点），接着，我们有人就会说条文有问题，法律制度有缺陷。此外，我们还能用耀眼的“靓词”如生存权利甚至“多劳多得”之类的初级阶段原理，来为条文本身加上支柱基础，说明条文是在我们理解的一种支柱基础上建立的，不像他人所云。于是，当找到不同的“靓词”、不同的原理后，有人就可以宣称“立法本意”“立法精神”“法律目的”如何了，和对方的条文理解意见不断地较真，与其不断展开斗争。这也是不同理解的一种表现。而往深了说，我们之所以有不同理解（如果的确存在），使用不同“靓词”原理，都是因为我们有着不同的政治道德立场，还有不同的利益需求。这些最深层的社会因素，制约着我们对法律文字的理解和运用，从而制约了我们对案件的法律观点。[①]

根据这层道理，法律包括法律解决程序，不免就成为政治的晚礼服，它要将我们的政治见解当然还有政治分歧打扮起来，使

① 冯象:《政法笔记》，江苏人民出版社 2004 年版，第 38—44、126 页。

其具有合法性，看上去有一个漂亮的“说法”，并且贴上封条、加盖印章，据此，展开真正生活中的法治行动。

当然，这里绝对没有“法律没有意义”的意思。毕竟，人们总有理解基本一致的时候，即使一些腐败分子与其他坏人，也有和大家对法律同样理解的时候，而这些腐败分子，或者残害孙志刚的一类坏人，试图反其道而行之，丢掉了良心。此时，将文字写清楚，把程序摊开来，对他们有一说一，自然也就具有明显的打击功效和正当性。

理解了这一点，也就可以理解为什么法律实践实质上是一种政法实践，不仅在中国，而且在全世界都是如此。我们在读法律实践故事的时候，实质上是在读政法实践的故事。

二

《政法笔记》是在具体法律事件中展开的。事件辗转曲折，婉转跌宕。但是，这不是以案说法，也不是为了拍案惊奇。相反，这是因为相信法治注定是从具体的政法行动开始的，而不是从抽象的法条制定和解说开始的。所以，《政法笔记》昭示，理解中国乃至世界的政法实践，只能从我们看到的甚至亲身经历的具体时间、地点、人物当然主要是事件入手，从中挖掘制度的意义，表达我们的宣言，表明我们的立场。

让中国《宪法》说，公民的合法财产不可侵犯，甚至说“神圣不可侵犯”，那么，是不是公民的合法财产就真的高枕无忧了，比如，“你买下的房子、兜里的手机、接发的短信、每个月的奖金、你的饭碗之类”？[①] 不一定。这要看在具体的执法司法运作中是否有人可以具体地保护你的合法财产，还要看看，你自己是否知道怎样具体地“维权”。不信的话，你可以想想，“社会主义公有财产”在中国《宪法》中早就规定了“神圣不可侵犯”，但是，在具体实践中，国有资产照旧流失。《民法通则》说，公民的肖像权受法律保护，他人未经许可不得以营利为目的使用，那么，是不是你的肖像一定受保护？也不一定。这同样要看另外一些具体条件，比如，你的肖像是不是和其他利益，比如，文艺创作的言论自由利益发生了冲突，而你的利益是否被认定为小于后者利益。在《秋菊打官司》中露了 4 秒钟镜头的街头卖棉花糖的女人，将《秋菊打官司》摄制组告到了法院，法院还是认为这里没有保护肖像权的问题，尽管电影是营利性的，4 秒钟的肖像展示也未经本人同意。[②] 抽象的命题，一旦被放置在无数的具体个

---

① 冯象:《政法笔记》，江苏人民出版社 2004 年版，第 254 页。

② 冯象:《政法笔记》，江苏人民出版社 2004 年版，第 32 页以下。

案中，总会遭遇相反的例证。

所以，只有在具体的法制结构、生活场景、利益对抗中，才能揭示政法是如何自我实践的，是如何展开故事的。

另外，揭示具体的政法实践，不是单纯为揭示而揭示，而是为了发表意见、主张观点，推动具体的政法框架发生变化来为社会做事。因此，《政法笔记》通过系列的个案分析，阐明具体的理想。它会主张而且已经主张，在取名用生僻字或异体字上，将公民的权利仅仅理解为“法律本本包括《宪法》的规定”，是不妥当的；[①] 在“官告民侵犯名誉权”问题上，重要的恰恰是“批评言论的政治地位和宪法待遇、批评者及批评对象双方的政治责任的重建”。[②] 作为法学作品的《政法笔记》，不是书斋中的自我欣赏，像某些自鸣得意的清高法学作品那样，独居一隅。相反，它是任劳任怨的，通过不断观察，在一个接一个的对象——政法活动中，在不断变化着的具体政法空间中，建构作者的社会向往，“关心、探讨现实世界的社会关系和压迫反抗”。[③]

如果人们期盼中国法治建设，上述工作显然是需要不断展开

---

① 冯象:《政法笔记》，江苏人民出版社 2004 年版，第 216 页。
② 冯象:《政法笔记》，江苏人民出版社 2004 年版，第 183—184 页。
③ 冯象:《政法笔记》，江苏人民出版社 2004 年版，第 238 页。

的，推而广之，是需要中国一代代人努力的。而《政法笔记》，作为一个学术“前哨”，已经以身作则地踏上了这样的征程。同时，我认为，法学作品的运作和政法实践是相互勾连的，其理由的成立，可以潜入实践从而成为具体政法事业的理由，所以，法律中所谓的理由，从来都可以独特地在理论和实践中来回穿梭。不仅事实如此，而且应当如此。在这个意义上，《政法笔记》在使“批判的武器”变成“武器的批判”之际，也使“武器的批判”回溯成为“批判的武器”。

最后补充一点：《政法笔记》的文字好看。只是，在我看来，这更是因为作者本身具有生活的真诚。毕竟，《政法笔记》在希望也在号召我们一起加入鲜活的具体的政法实践，去圆我们中国人的法治梦，用自己的笔，还有自己的心。就像其《弁言》提到的：记住大山里来的阿姨，她的智慧、勇气和美德。这在另一方面寓意着我们身在其中而又需身体力行的政法实践的故事。

CHAPTER 3

走进现实的法律生活

——读《送法下乡》*

事物秩序的另类，标志着社会需要的复杂以及人们需要的另类。而需要的另类，在遭遇外来知识之际就会自觉地引发对抗博弈的游戏。

---

* 原载《中国社会科学》2002 年第 3 期。

《送法下乡》是法学学者苏力的新作。[①] 这部著作，深入研究了中国基层司法制度的运作和“故事”。坦白而言，评论《送法下乡》是十分困难的，也是十分“危险”的。因为，当仔细通读全书并且仔细疏通其中的逻辑线路的时候，读者容易发现，书中的叙事结构以及思考脉络，已是极为清晰，极为连贯，任何在有限狭小的文本空间中做出评论都有可能陷入“破坏性”的论说位置。当然，任何评论工作，即便是一类可能导致“适履削足”的评论工作，也是需要完成的，也是值得努力的。毕竟，如果我们认为“评论产出”是学术经济不断运作的重要环节。同时，如果我们认为任何学术文本不应也不可能终结知识的滋生与更新，那么，破坏性的（这里自然包括批评式的“破坏”和赞誉式的“破坏”）评论，依然是可以具有正当

① 苏力:《送法下乡》，中国政法大学出版社 2000 年版；北京大学出版社 2011 年修订版。

性的。

在本文中，我的目的正如通常的学术评论一样，试图从事一种在知识谱系中进行定位的工作。我将分析，《送法下乡》在当下中国法学语境中开辟了何种重要的研究路径，展现了何种重要的学术意义，以及其所具有的法学知识增长点究竟在哪里。[①] 此外，我将分析，如果《送法下乡》是有问题的，那么，其问题在总体意义上是一类怎样的问题。

一

《送法下乡》关注的对象是中国基层司法制度。关注对象的定位，使《送法下乡》得以自然而然地获得一种新型的法学研究策略的可能性。当然，这仅仅是一种可能性。中国基层司法制度，相对于中国法学界而言，是一个“知识”的盲点。业内人士对此是不应该否认的。这里的意思不是说中国法学学术研究缺乏对基

① 在《送法下乡》的“导论”中，作者已将这些内容交代得较为细致。见苏力:《送法下乡》，中国政法大学出版社 2000 年版，第 1—24 页。但是，作为“他者”的阅读者，自然可以提出新的理解和意见。

层司法制度的讨论与分析，[①]而是说，中国的法学学术研究，通常并不认为在中国基层司法制度中可以发掘法学意义的系列知识，通常并不认为从这种制度中可以概括总结一类类似法学智识活动的知识产品。我们能够发觉，当下中国法学研究的基本状态，是“规范”式的（normative）、“大词”式的，其运作方式基本来说是以抽象理论配置作为出发点的，而且，时常配有极强的“终极是非判断”的话语姿态。[②]正是基于这个原因，基层司法制度中的知识呈现，在这样的状态之中，成为简单操持手工技艺的“作坊”展示，有时甚至成为应予剔除的陈规陋习（如果与所谓正宗的法学知识相佐）。《送法下乡》试图引发一类知识的解放，即解放被边缘化的另类知识，解放其中被压抑的法学意义，并且，在解放的过程中将新型的法学研究策略的可能性变为现实性。

但是，“解放”行动是需要逻辑起点的。

---

① 在《人民司法》这样一类法学刊物中，甚至在正式法学核心刊物中，我们当然可以发现相关的众多讨论。在一些重要的学术著作中，我们也能发现相关的讨论，比如，贺卫方的《司法的理念与制度》（中国政法大学出版社 1998 年版），夏勇主编的《走向权利的时代》（中国政法大学出版社 1995 年版），以及新近出版的强世功的《调解、法制与现代性：中国调解制度研究》（中国法制出版社 2001 年版），等等。

② 比如，认为一些法学理论，包括本文涉及的法治知识理论，是无可置疑的，是人类社会必须或者必将接受的。

《送法下乡》认为，中国的法治建设在总体上只能是自下而上的。毕竟，从根本上来说，法治建设是一项人民广泛参与的整体事业。同时，《送法下乡》也在表明，强调自下而上的特点并不是在绝对否认理性化的法治建设的必要性和紧迫性，相反，这种强调是在凸现理性化的法治建设的艰巨性和长期性。顺此而言，强调的最终目的，乃在于稳健地推进“中国化”的法治建设。[①] 经由这里，法治建设的契机不仅在于发现“法律实施”这一关键环节（我们都知道法律实施是法治实现的关键），而且在于追踪法律实施的周边谱系，将其中的“隐密制度”（非正式的制度）予以认识，将其中的“隐密制约”予以揭发。同时，当进入法律实施的周边谱系的时候，我们自然可以发觉基层司法制度的中枢意义。毕竟，我们完全可以发现，在空间和数量两个维度上，基层司法运作实际上构成了中国法治建设过程的“基石”部分。这样，在学术上重构基层司法层面的“事物的内在逻辑”变得尤为重要。忽视中国基层司法制度的运作逻辑，以及其中的知识类型，将会遮蔽我们的“真实”视野，也易导致正统法学知识的“夜郎自大”，最终，也有可能导致业已展开的法治建设悄然流产。正是这样一种观念，

---

① 苏力：《送法下乡》，中国政法大学出版社 2000 年版，第 190、141—142、272、375 页。

也正是在这样一种意义上，我们自然也就可以认为基层司法制度的研究必须取得资格上的正当性，而且需要慎重地予以对待。在这里，《送法下乡》实际上是在提醒读者注意，这是法学“解放”行动的逻辑起点。

不难理解，在中国的语境中，法治运动的推进与展开，正如其他任何宏大运动一样，难免是在建立被征服者的过程中树立征服者的。而且，这样一种征服的过程，伴随了“知识权力”的胜利象征。[①] 法治知识，尤其是被“大写”的法治知识，在俨然具有天然正当性的同时获取了一种自上而下的凌然位置。但是，正如“叙事”的过程总会遭遇“反叙事”一样，征服的过程总会伴随反征服。在这个意义上，被“大写”了的法治知识，势必要面对众多“小写”的法治知识，势必要在较量中或斗争中证明自己的正当性，并且，在这种过程中，证明自己胜利的资格。这种较量与斗争不是纯粹的猫捉老鼠的游戏，不是纯粹的老鼠戏猫的游戏，同时，更不是纯粹的理性机巧的对垒。相反，这种较量与斗争是各种原本就是“小写”的事物秩序的多足鼎立的游戏与对垒。

---

① 关于这个现象以及进一步问题的有益分析，可以参见冯象：《木腿正义》，中山大学出版社1999年版，第24页。(《木腿正义》后有北京大学出版社2007年增订版。)

正是因为存在事物秩序的“多样”和“精彩”，我们才发觉，甚至才看到知识的猫捉老鼠和老鼠戏猫，以及理性机巧的博弈。我们熟悉的法治知识，尤其是容易被“大写”的法治知识，原本就是源自具体事物秩序的知识，在某种意义上正是源自西方具体社会事物秩序的知识。在历史中，这种知识的传播与展开，特别是对其他国家、其他民族的传播与展开，一方面是和其他国家民族中某些阶层（在近代中国主要是城市有产阶层和知识阶层）的主动认知有关的，另一方面，亦和西方民族国家的发展与扩张乃至“殖民主义”的张扬密切相联系。即使撇去这些不论，即使承认中国的历史教训（比如，近代出现的在对外战争中不断失败的教训）与这种知识的缺乏有着重要关联，[①]即使认为这种知识在某些价值层面上是必须宣扬的，我们依然需要认识到，将这种原本是“具体化”的法治知识推向另类的事物秩序，是会遭遇“反叙事”的，是要展开“阵地战”的（葛兰西用语）。毕竟，事物秩序的另类，标志着社会需要的复杂以及人们需要的另类。而需要的另类，在遭遇外来知识之际就会自觉地引发对抗博弈的游戏。对此而论，

① 其实可能没有这种关联。我们完全可以发现，许多没有现代西方意义上的法治的国家或民族，在历史上，可以而且确实战胜了拥有这种法治的国家或民族。

在今日中国“法律实施”这个关键部位，游戏的双方，也许正是已被“大写”的法治知识和中国基层司法制度的法律知识。中国基层司法制度的运作，在这个意义上，理所当然需要被纳入法学研究的领域，理所当然具有被学术言语予以展示的资格。

与此同时，另类的需要，也许也是应当被认真对待的，因为，这类需要也有可能正是基层广大民众（包括基层司法人员）的真实需要；基层司法运作的知识，也许正是这种真实需要的真实反映。如前所述，我们应该认识到，知识的生产原本是具有“生产地”的，从而也是具有地方性的，是和具体需求相互联系的，只是随着进入流通领域，有时便具有了一定的普适性。但是，我们应该反思的是，有些知识一旦拥有了普适性，知识的持有者便会时常忘却知识的“原有地方”以及和“具体需求”的对应联系。于是，一种知识的压抑甚至“垄断”也就出现了。这实际上妨碍了知识的增长以及有效流通。不仅如此，它还可能凭借知识的所谓“正确”轻视甚至压抑另类的具体需要。[1] 就此而言，知识应该有竞争，而认识到竞争必要性的前提是看到知识的地方性以及具体需要的

① 苏力:《送法下乡》，中国政法大学出版社 2000 年版，第 12 页。

地方性。[1]所以，中国基层司法运作中的知识，同样对“中国法治建设并非可有可无”。[2]否则，中国法学学术将有可能不自觉地压抑中国基层广大民众的另类需求，从而反向压抑“法学学术不断发展”的知识需求。

此外，《送法下乡》明确指出，从已有的涵盖世界学术语境的法学知识谱系来看，虽然研究基层司法制度的学术努力是存在的，但是，由于在欧洲大陆国家法律运作的关键部位大致来说是立法，在英语国家法律运作的关键部位大致来说是上级司法，法学知识的学术活动基本是以“立法范式”作为标志的，或者是以“上级司法范式”作为标志的。换言之，欧洲大陆法学十分关注立法模式的法学知识的构建，英美国家法学十分关注上诉法院模式的法学知识的编织。对基层司法制度的学术化的知识考察，基本上处于被遗忘的境地。[3]于是，在这样一种世界范围的学术语境中，将在中国处于基石部位的基层司法制度学术化，将土生土长的而且是在和域外法律知识磨合博弈中孕

---

① 关于我对《送法下乡》作者的“具体需要地方性”观念的分析，参见刘星:“解读本土法律文化的一种独特方式”，载《二十一世纪》1999年2月号，香港中文大学·中国文化研究所。

② 苏力:《送法下乡》，中国政法大学出版社2000年版，第290页。

③ 苏力:《送法下乡》，中国政法大学出版社2000年版，第154—159页。

育生发的“非常中国”的基层司法知识学术化，当然是种重要的研究理路。在我看来，这种意识本身已经是种重要的学术贡献。而且，我也认为，《送法下乡》就自身而言，并且就研究对象而言，实际上已经筑造了新型的知识产品，同时，将其推入了法学研究谱系的续接位置。

那么，什么是蕴含在中国基层司法制度中的值得被学术化的“法学知识”呢？《送法下乡》指出：第一，较为注重处理结果的相对公正。这种公正，更多是以具体语境中的社区评价作为标准的。第二，结果判断先于法律推理、适用和论证。这是注重结果公正的自然延续。第三，解决核心争议，力求避免余留纠纷死灰复燃。这是注重结果公正的必要展开。第四，凭借直觉适度剪裁案件事实的排列组合。这是为结果公正铺垫必要的法律基础。第五，防止矛盾的意外转化。这是注重结果公正的必要补充。此外，在表现形式上，尽力“套用”法律条文、集体研究决定法律适用、争取其他相关政府部门的支持（在执行中）等。[1]我认为，我们应该注意，这种“法学知识”不是忽视已经存在的国家法律制度，

① 苏力：《送法下乡》，中国政法大学出版社2000年版，第274页以下。

相反，是在国家法律制度和庞杂数量的案件、民众的细故需求[①]、基层法院法官的自身利益等“事物周边的制约因素”之间嫁接巧妙的逻辑联系。同时，这些“法学知识”是彼此相互联系的。就单一方面而言，其中有些知识也许已被现存的法学知识阐述过，[②]但是，就总体的相互关系来说，它们是具有特殊意义的中国基层司法运作的“法学知识”。这样，通过《送法下乡》，一种不同于我们在一般的法学读本或法学著作中读到的法学知识浮现了。而且，作为新型的知识产品，尤其作为属于实践理性的一类知识展现，这类“法学知识”，是有资格进入世界学术市场流通领域的。

二

《送法下乡》相信历史唯物主义，相信中国基层司法制度的知识是由具体的物质环境以及各类因素的相互制约关系决定的，并且，相信法治建设这样一种上层建筑的方案需要一种人所共知

① 关于这一点，读者可以阅读苏力：《送法下乡》，中国政法大学出版社2000年版，第182页以下。在这些篇章中，我们可以看到基层法院是如何重视口粮、棺材、荤油、素油、蔬菜、黄豆、绿豆、斤两等民众细故需求的，以及基层法院为什么这样重视。

② 比如，注重结果的公正，就是已有的一些法学知识叙述过的。在西方的一些法学著作中，我们当然可以读到这样的知识。

的大基础。[①]与此同时，《送法下乡》认为，这类相信不是“口号化”的，不是“标签式”的，而是为了切实解决中国的实际问题，是为了真实真切地理解中国的基层司法制度，是脚踏实地的。[②]于是，在《送法下乡》中，法学“解放”的行动步骤是在社会存在尤其是在“事物本身的逻辑”中展开的，同时，也是在生动的实证方法操作中展开的。

通过《送法下乡》，我们可以读到细微的事件，可以读到真实的个人，可以读到既个性又共性的人们的具体需求。更为重要的是，我们可以读到事件与人物、事件与人们具体需求的细节关联，并且，可以在这种细节关联中体会“事物本身的逻辑”。《送法下乡》采用了细致化的实证方法。这一文本提醒我们注意，生动有效的实证方法不是简单的外在观察、观念先行的问卷调查、信手拈来的媒体证据（如报刊报道）举出，而是不断反省自身的发问、不断推敲的考证[③]、“同情深入”的接近、设身处地的理解[④]。它是“走进式”的猜想与反驳（波普尔用语）。生动有效的实证方法，

---

① 苏力:《送法下乡》，中国政法大学出版社 2000 年版，第 19、22、86、189 页。

② 苏力:《送法下乡》，中国政法大学出版社 2000 年版，第 89、420 页。

③ 苏力:《送法下乡》，中国政法大学出版社 2000 年版，第 116—117 页。

④ 苏力:《送法下乡》，中国政法大学出版社 2000 年版，第 20 页。

由此是“内在”的、“嵌入”的。只有这样，我们才能在实证方法中“走进”现实的法律生活，把握事物本身的逻辑内容。[①]

这种实证方法是科学的、反省的。《送法下乡》设想，真实有益的法学知识是可验证的，是可证伪的，是在提出理论模型并且不断验证理论模型的循序过程中磨炼的，它和我们的经验材料相互贴身、彼此对应。所谓有效的知识同样由此而来。《送法下乡》已经明确承认，理论知识的意义并不在于“一次性”的认识终结，相反，它是在“设想 / 验证 / 证伪 / 推翻”中不断推进的。不论是他者真实有益的法学知识，还是《送法下乡》本身在现实中提升的法学知识，都不是绝对不可推翻的。毕竟，“外面的世界真精彩”(《送法下乡》喜欢使用的表述)。在这个意义上，我们的认识是不断的，我们的认识目的同样是不断的。只有这样，我们才能反复深入中国的法律现实，渐次理解中国的法律现实，趋向有益地解决中国的法律现实问题。从广义的知识谱系角度予以考察，我们可以认为，《送法下乡》的实证方法是卡尔·波普尔(Karl Popper)描述阐发的科学前进的方法在法学中的延伸和提炼。同时，它又不纯粹是波普尔式的，它包含了社会问题意识的要素和

① 苏力:《送法下乡》，中国政法大学出版社 2000 年版，第 94 页。

自省。《送法下乡》将实用主义的有益观念，亦即问题的针对性和解决的针对性的有机结合，纳入了实证的科学方法。这样，实证方法获得了新鲜的质素和能力。这是中国以往法学文本所没有的一类特质。

显然，在对《送法下乡》的实证方法做出了这样贴切理解的条件下，我们可以自然地发现，假设我们亦在现实生活中开掘反例，树立反证，直至底气十足地以此宣称《送法下乡》的研究是不足的而且是有问题的，因为《送法下乡》没有涵盖所有的事物并且没有捕捉所有的因素，甚或是种"断章取义"，那么，我们的批评以及我们的思路，实际上是在赞同甚至支持《送法下乡》的实证方法，并且，在赞同和支持的过程中又在走向无法躲避的自我颠覆。因为，《送法下乡》试图运用自己精湛的实证方法引导人们"走进"现实的中国法律生活，试图引导他人同己一样提出疑问、提出猜想、提出验证、提出反驳，建立、验证、证伪已有的理论知识和新建的理论知识（包括《送法下乡》自己的理论知识），也即运用同样的实证方法。[①]《送法下乡》依据的资料"个性化"以及提出的理论知识的可证伪性，其实隐含着吸引新的资

① 苏力:《送法下乡》，中国政法大学出版社 2000 年版，第 291、385、395 页。

料“个性化”以及新的理论知识可证伪性的逻辑意蕴。就此而言，批评者越是运用相反的具体资料批评《送法下乡》，反而越证明了《送法下乡》的重要意义。批评者要寻找新的异质资料，再后来的批评者还要寻找更新的异质资料……这一过程，恰是“科学理论”所依赖的可证伪性的过程，恰是《送法下乡》所要达到的“科学”目的。由此，我们的直率批评（当然是坦诚的直率批评），其实正是《送法下乡》在逻辑上所欢迎的、所兴奋的。《送法下乡》经由这里，亦将而且已然成为旗帜性的先导文献。[①]

中国的法律改革和法治建设正在迅速地向前推进。就基层司法制度而言，我们熟悉的一套运作方式以及制度配置正在发生“外科手术式”的变革与更新。隐去审判庭长、设置法庭法槌、更变法官服色、淡化审委会、凸现合议庭、建立诉辩制、削减法院行政职能，以及统一司法考试以抬高基层法院“行业进入”台阶等系列性的革命代码，标志着中国基层司法制度不得不沿着变革的方向前行。这是否意味着《送法下乡》为之辩护的某些基层司法

① 这意味着对《送法下乡》进行批评，无法是具体列举式的，而只能是另外学理路径的。《送法下乡》具有极强的反省能力。在最后一编中，《送法下乡》反省了自己学术研究中的权力问题。这是对“内在式”的实证方法的极好反思。

制度的运作以及知识已经穷途末路？是否意味着《送法下乡》的某些论证逻辑已经失效？

在我看来，如果意识到我们所得信息的局限性，也即意识到“城市化”的法学研究以及法律改革方案，时常是在“城市化”的媒体所展现的经验世界中运转的。[①] 同时，如果有意愿有能力打开我们已有的经验世界，或者像《送法下乡》那样走进现实的法律生活，那么，我们就会在广袤的中国“田野”中，在这“田野”的细微事物关系中，在那些其他非正式制度因素或者物质因素没有发生相应变革的“地方性”区域中，发现那些知识的生命力、顽强性甚至巧妙机智，发现《送法下乡》的论证逻辑的有效性。我们就会警觉地看到，运用宏大的普适的（其实是貌似普适）法学理论以及法律改革方案指责那些知识，“纠正”那些知识，批判《送法下乡》的论证方法，是无益的，也是“没有建设性”的。其实，正如《送法下乡》反复强调的，法治的革命代码必须而且只能在相应的革命制度以及革命因素的配套关系中，彰显自己的

① 这里并非认为媒体所展示的经验世界是不可信的，而是意在强调，媒介的运作人物以及视界所具有的“城市性”，时常使城市中的法学研究所依赖的经验世界变得“城市化”。这种经验世界之外的世界，可能是更为广阔的，在中国可能是更为“非城市化”的。

机制，发挥自己的功能。重要的不是“个别革命”，而是“整体革命”。[①] 在这里，不是法律革命的代码是否正确的问题，而是这种代码如何并且怎样才能发挥切实作用的问题。[②] 前一问题，是空洞苍白的政治道德性质的“规范判断”问题；后一问题，是丰富丰满的具体实践性质的“社会理解”问题。而丰富丰满的“社会理解”，以及由此而来的富有成效的法律革命，则又必须依赖耐心艰苦的实证研究。

三

在《送法下乡》中，我们时常可以发现平易浅显的修辞解说，可以发现民间“小词”化的遣词造句。我认为，这是一种重要的叙事方式和策略。《送法下乡》也许有时是在有意地回避“大词”的使用。如果的确是在有意地回避，那么，在我看来，这不仅是为了和法学研究习以为常的“大词咏叹”保持距离，更为重要的，这又是为了和该书运用的“亲民式”的实证方法形成相得益彰的合谋关系。同时，这也是为了拉近理论性的法学知识和实践性的法律知识的关系，并且，在拉近的过程中暗示两者可能存在的密

① 苏力:《送法下乡》，中国政法大学出版社 2000 年版，第 196、290 页。
② 苏力:《送法下乡》，中国政法大学出版社 2000 年版，第 374 页。

切关联。

“杨白劳要挟黄世仁”“胳膊肘往里拐”“打枪的不要、悄悄地进村”“抬杠”“没有人希望自己的案子被打回来或被纠正”“将政策用足”“上级（法院）说了算”“留个记性”“眼不见、心不烦”“打离婚”“把事办成”，[①] 甚至书名“送法下乡”……这些在人类学以及社会学研究中时常被重视被调用的民间词句，在《送法下乡》中，在作为证据直接印证相关实际材料的同时，兼有值得注意的特殊叙事功能。首先，它们是读者理解中国的基层司法运作和知识的直接通道。通过这些词句，读者可以直接把玩、拿捏、体会、思考那些活灵活现的中国式的真实场景、真实动作以及真实心态，从而借助暗喻去领悟《送法下乡》的重要主题：法律运作从来都是“于生活之中”的。其次，在这些词句的叙述中，我们可以对照自己的法学研究语境和中国基层司法的运作语境，从而体验两种语境的相互距离，认识所谓的理论理性和智慧的实践理性的实际落差，进而自我提醒“法律研究事业原本应该是务实的”基本理念。最后，这些词句是游弋于现实基层司法生活的修辞游戏之中的，它们既在推创这种修辞游戏，也在依赖这种修辞游戏。

---

① 苏力:《送法下乡》，中国政法大学出版社 2000 年版，第 37、38、41、93、115、117、169、242、303、365 页。

这样，通过这些词句的阅读勾连，读者就易“亲密接触”中国基层司法的内在逻辑或者关系逻辑，从而深层体验中国基层法律实践的生活线路。简而言之，在这些词句以及与之联系的叙述展开中，走进现实的法律生活，不仅是“意念”的，而且是“修辞”的，在叙事上既是“由外到里”的，也是“由里到外”的，从而，读者和中国基层司法制度的空间距离“自退消失”。

在《送法下乡》中，上述具有特殊叙事功能的词句以及与此相连的平易阐述，暗示了作者叙事角色的独特定位。在阅读中，读者可以发现作者时常不断进行着角色转换：从法学家到法律家（这里尤其指从事实际调研工作的法律家），从法律家到法学家。其实，作者也已宣称：“我追求的不是那种从生活世界中完全分离出来的抽象原则，而是力求在生活中展现理论的力量。”[①] 我认为，这是应该予以特别关注的。《送法下乡》是学术著作，因此，它必须具有学术策略和学术推进，它必须将研究对象置于学术空间中予以剖解和阐释，在已有的学术谱系中，将自己的学术研究准确地移动和安置。另外，正如《送法下乡》所期待的，法学研究是为了认识、解决中国的具体法律现实问题，而不是为了“大

① 苏力：《送法下乡》，中国政法大学出版社 2000 年版，第 20 页。

词”式的理论空谈，所以，它又必须具有实践性的问题意识、实践性的解决意向。我们可以看到，以往绝大多数的法学研究，尽管是“十分优秀”的，但是往往缺乏对细微生活实践的反复调研和思考积淀。人们时常自己也在承认，这种研究是从理论到理论的。与此对应，以往绝大多数的法律研究（这里指从事实际法律调研性质的研究）尽管也是“十分优秀”的，但是缺乏缜密的学术思索和论辩推演。中国的法学家和法律家，作为社会角色而言，其间存在着明显的界限与隔阂。虽然许多法学家作为个人是法律研究出身的，许多法律家作为个人是法学研究出身的（人们常见的法律领域中的“学而优则仕”），然而，一旦角色固定下来，他们推出的思考产品，则明显地分属了自己的角色群体。这在法学家以及法学研究之中是尤为明显的。自然，我们不能过多地责怪这样一种实际存在的现象，毕竟，社会分工在整体上的确是在要求“各司其职”“各尽其能”的。但是，“同情”的理解，并不意味着应该拒绝法律研究和法学研究的相互结合。如果我们记得“法律必定是务实的”这一理念，那么，结合两者也就是情理之中的事情了。当然，两者的结合需要高度的能力和质素。这样一种努力由此也是艰难的、困苦的。《送法下乡》做出了这样的尝试，[1]而且我认为这一尝试是成功的。正是由于在文本叙事中不断转换作者的角色身份，将法律研究在法学研究中予以展开，将法学研究在法律研究中予以展开，《送法下乡》才获得了一个重要基础——推出“非常中国”的法学产品的基础。这一产品，是在中国基层实践中生发的，同时又是在世界学术背景之中展开的，[2]它在经验和智识两个层面上必然需要法律家和法学家两类角色的相互结合。所以，在“法律必定是务实的”这一理念的反观中，《送法下乡》的学术价值是不言而喻的。

法学理论中的知识和法律实践中的知识，两者的关系在我看来是颇为微妙的。我个人认为，《送法下乡》在互换角色以及结合两类知识的叙事过程中，其逻辑通道之一又在指向反思两类知识的截然分界。

我们习惯认为，理论知识就是法学家理论化的知识，实践知识就是法律家应付具体问题而展现的“日常技艺”。虽然人们承认法学理论是来源于法律实践的（当然还有其他社会实践），但

---

① 其实，在作者的其他作品中，如《法治及其本土资源》（中国政法大学出版社 1996 年版）、《制度是如何形成的》（中山大学出版社 1999 年版；北京大学出版社 2007 年版）、《阅读秩序》（山东教育出版社 1999 年版）等，也自觉或者不自觉地做出了这样的努力。

② 细心的读者完全可以在书中的正文和注释中发现这种背景。

是，人们又习惯认为法学理论应该是普遍指导法律实践的。于是，在这种观念中，法学理论的知识具有了“普遍”的意义，法律实践中的知识只具有“具体”的意义。在法学理论的领域内，法学理论知识是可交流的，法律实践知识是不可交流的（因为没有“资格”，虽然在实践工作中可交流）。然而，当剥离两类知识的肌理纹路，当深入两类知识的逻辑路径，以及去理解两类知识的思考意向的时候，我们会发现两者在一定意义上是同一的。只是一类知识在表面上进入了法学理论，一类知识在表面上依然被丢置在法律实践之中。比如，不论是在西方的上诉法院司法运作中，还是在中国的上诉法院司法运作中，我们都能发现，今日法学理论习以为常的知识不仅是“活跃”的，还在起着证明具体判决的法理基础的重要作用。这些上诉法院，在具体案件的讨论判决过程中，都会论说“立法与司法的关系”“特别法与普通法的关系”“法院的社会角色定位是怎样的（如不能像行政机构那样积极干预社会事务）”“法律解释应当依据立法者的原意”“罪刑法定原则是刑法的基本原则”等。理论中的“法理”，实际上有时是这些上诉法院日常知识的关键性的自我陈述。我们当然可以认为，这种状况的出现，在今天是法学知识传播的结果。但是，我们无法否认这些法学知识在历史上曾经恰是法律实践的附属“产儿”。法学知识本身现在也已承认，法学理论甚至法学这一学科，都是跟随社会历史中的法律实践知识产生的。

此外，法学知识在法律实践中的传播，也证明着法学知识的干预实践的话语意图，证明着法学知识从其产生之日起，就具备了参与实践的能力与资格。法学知识不是探讨“终极的科学真理”，相反，它始终是以隐蔽的方式运作于法律实践之中的[①]。

基于这样一种理解，我们有理由意识到，原本被称为法学理论的知识以及被称为法律实践的知识的分野，其实仅仅是后来社会分工的一个附带结果。我们也可以这样来说，当认为法学理论是在社会历史的具体法律语境中产生的时候，当认为法学理论不是在做“玄学”的终极探讨的时候，这些“认为”，已经包含着法学理论知识和法律实践知识的“普遍具体”的位置关系应被瓦解的逻辑结论。经由这里，我们可以从另外的角度理解《送法下乡》叙述角色定位的重要意义：其一，法学家和法律家应该是同一的，面对中国的法律实践，他们都是具有立场的，[②]前者应该自觉地像

---

① 关于这个问题的一些讨论，可以参见美国学者 Ronald Dworkin, *Law's Empire*，Cambridge：Harvard University Press，1986。

② 《送法下乡》认为自己的法学研究是有立场的。苏力:《送法下乡》，中国政法大学出版社 2000 年版，第 60 页。

后者一样关心中国的实践命运，法学家的所有知识都应融入实践的关怀之中；其二，中国基层司法运作中的知识同样具有法学知识的资格，解放这类知识，解放其中的法学意义，正是强调这类知识和“易被大写”的法学知识的同等地位，甚至强调在特定语境中，如中国的特定地方性区域中，前者优于后者的必要地位。

自然，我们的法学知识生产所依赖的制度环境限定了我们的“生产手段”。法学研究者所处的研究空间，法学研究者所期待的“一般知识”，法学研究者所处的生活场景，就像无形的立法者一样“规定”了研究者与研究对象的位置关系。然而，在《送法下乡》看来，无形的立法者权威，在智识活动中，有时是可以被冲破的。《送法下乡》也的确有时在努力地打破“立法者权威”，走进研究对象之中。

四

前面的评论是“大词”的，其本身是为《送法下乡》的叙事风格所“厌恶”的。为了“零距离”接触《送法下乡》，我们有必要像《送法下乡》一样从具体的事件出发再做阐述，进而，分析《送法下乡》可能存在的问题。

《送法下乡》于 2000 年 10 月初版。时隔一年，也即 2001 年

10月，在四川省泸州市出现了一个引起广泛争议的法律审判。审判涉及遗产纠纷。作出一审判决的是该市一个基层法院——纳溪区人民法院。案情十分简单：一名男子已有妻子，但是又与另一女子同居生活。这名男子后来病危，临终前立下了将自己遗产分为两部分的遗嘱：一部分由妻子继承，另一部分由同居女子继承。遗嘱经由当地公证机关作出公证。男子死后，同居女子起诉至法院要求妻子交出自己（即同居女子）的应得遗产。纳溪区人民法院公开审理了这起遗产纠纷案。原告即同居女子一方认为，根据《继承法》第三章第十六条规定，即“公民可以立遗嘱将个人财产赠给国家、集体或者法定继承人以外的人”，而且，原告正是该条所规定的“法定继承人以外的人”，所以，法院应当支持自己的诉讼请求。被告即妻子一方认为，死者立遗嘱的行为违反了《民法通则》第七条的规定，即“民事活动应当尊重社会公德”，而且死者立遗嘱的行为违反了《婚姻法》的有关规定，破坏了我国一夫一妻的婚姻制度，所以，法院应当认定立遗嘱的行为是无效的民事行为，从而驳回原告的诉讼请求。经过几次开庭，合议庭将案件的情况报告给审判委员会讨论。审判委员会的成员也形成了两种意见：第一种意见支持原告的法律观点；第二种意见支持被告的法律意见。最后，通过充分讨论，审判委员会认为的确应该适用

《民法通则》第七条的规定，认定立遗嘱的行为为无效民事行为。法庭随之判决驳回了原告的诉讼请求。

在判决宣布完毕的时候，能够容纳 1500 人的法庭旁听席（当时座无虚席）上传来了阵阵掌声。当然，也有不以为然者。[①]

判决之后，该案审判长接受了记者的采访。审判长指出，仅从《继承法》来说，应该考虑原告的诉讼请求。但是，法院在审查的时候，充分考虑了此案的背景，在特别法与普通法之间，法院突破常规，大胆援用了《民法通则》的相关规定。如果支持原告的诉讼请求，那么，就会损害无过错一方即被告的利益，这等于是助长了“第三者”的社会风气。[②] 纳溪区人民法院分管民事审判的副院长也接受了记者的采访。这位副院长指出，《民法通则》是一部基本的法律，它是一个大的原则。《继承法》和《婚姻法》都是民法的范畴，这些特别法的规定都不能离开《民法通则》的指导思想。这位副院长接着指出，通过这个案件，纳溪区人民法院总结出了一个经验，审判机关不能机械地引用法律，而应该充分领会立法的本意，并在充分领会立法的前提下适用法律。在该案中，纳溪区人民法院直接引用《民法通则》的基本原则，而没

---

① 见 2001 年 11 月 1 日《南方周末》。

② 见 2001 年 10 月 22 日《天府早报》。

有机械地适用《继承法》的规定，是合情合理的。如果纳溪区人民法院依照《继承法》的规定支持原告的诉讼主张，那么，就会助长“第三者”“包二奶”等不良社会风气，从而违背法律要体现的公平、公正的精神。[①]

一审判决下来，原告提起上诉。上级法院很快判决驳回上诉，维持原判。

针对这个案件的法律审判，我们当然可以从各种角度进行评论研讨。事实上，已经出现了许多的评论研讨。但是，大致来说，这些评论研讨是沿着三个方向展开的：第一，指出法院判决是否正确，然后提出支持的理由或者反对的理由。第二，结合该案，从法理上仔细研讨有关的各个法律的相互关系，分析各个法律以及各个法律条文之间的“规范”层次，甚至“孰先孰后”的位置，解释法律条文的意思到底是什么。第三，指出并分析法院判决的政治、社会、文化甚至历史的大背景。这样三个方向，是法学研究者们特别熟知的。

还有一个评论研讨方向，这就是《送法下乡》的方向。依照《送法下乡》的思路，我们需要了解围绕法院判决而产生的微观

① 见 2001 年 11 月 1 日《南方周末》。

社会关系和微观社会场景，需要了解法院判决过程是如何在细节上展开的，这些材料和从其他地方获得的其他基层法院判决材料存在着怎样的解释关系。如果我们直接作出“正误判决”“法条注释”“文化解释”，那么，其意义是十分可疑的。[①]我们要问这样一些“小”问题：（1）法庭开庭的时候，旁听者与法官的关系是怎样形成的？（2）在案件的审判过程中，以及在案件出现以前，合议庭成员的关系是怎样形成、变化的？（3）合议庭和审判委员会的关系是怎样建立的？（4）审判委员会的成员关系是如何变化的？其中法院院长以及主管民事审判的副院长和其他成员的微观权力关系是如何运作的？（5）当地的民众对案件的具体看法是什么？以及这种看法对法院的某些审判员尤其审判委员会的某些成

---

① 参见本文前面有关事物的秩序以及社会需要是复杂的讨论。这三个方向，都极为可能导致简单化的是非判断，导致缺乏自我反省的对他者知识的指责。另外，我们应该觉察，尽管多年来的三个方向的中国法学研究早已研究了相关的问题，但基层法院依然“我行我素”。在这里，不是基层法院不知道法学家所熟知的法学理论，“素质低下”，相反，它们是在巧妙地进行法律实践。在这个案件中，基层法官完全知道“特别法与普通法相互关系”的法理知识（参见审判长的答记者问），但是，他们依然巧妙地运用《民法通则》和《继承法》《婚姻法》之间的“大小关系”的道理（在我看来未必不能成为一种法理），去论证自己的法律判决。就这点而言，还是《送法下乡》提到的一句老话说得到位：世界是复杂的。见苏力：《送法下乡》，中国政法大学出版社 2000 年版，第 383 页。

员的观点是否真正产生了影响？（6）审判委员会的某些成员是否知道或了解了其他法院对类似案件的解决办法？（7）合议庭成员以及审判委员会成员是如何运用“各类法学知识”进行交流的？（8）作出这一判决的基层法院和上级法院的真实关系是怎样运作的？（9）婚姻之外的同居关系在当地造成了哪些影响？刺激了当地人们的哪些观念？赞同反对的力量对比关系是怎样的？……自然，这个“小”问题的清单是可以不断开列下去的。同时，更为重要的是，我们还需要在这些问题的答案之间建立逻辑的解释关系。从法学的角度来说，我们需要运用这些答案和解释关系去验证、证伪已有的法学知识以及理论模型，提出新的法学知识和理论模型，从而较为准确地解释“大写”的法学知识和“小写”的法学知识的权力博弈关系。最后，如果的确是必要的，那么，便结合已得到的综合微观条件关系来提出案件的解决方法。

这样的方向，显然是中国法学研究者们不熟悉的。其中的关键词，便是“微观制约”。因为，纳溪区人民法院的判决最终是在“微观制约”中作出的。

在我看来，如前所述，《送法下乡》的研究策略的确可以成功地从法学内部瓦解相当一部分在今天占据支配地位的中国法学知识以及理论模型。原因十分简单，这些占据支配地位的法学知识和理论模型，不能很好地解释这一经验材料，《送法下乡》提供的法学知识和理论模型，可以作出新的成功的解释。

尽管如此，我又认为，《送法下乡》正因为十分关注“微观制约”的问题，将“微观制约”作为自己理论建构的逻辑中心，所以，在能够成功地解释这一判决过程中的多数问题的时候，不能解释其中的另一个重要问题，这个问题便是“微观斗争”。

“制约”的概念指向了一个“单一方向”。换言之，如果存在着“制约”，那么，纳溪区人民法院的“地方性”的判决意见应该是“单一”的（至少就绝大多数人而言是如此）。因为，法院的人物都在受到微观地方性的趋同控制，微观地方中存在着“事物的逻辑”。的确，法院的判决就其自身而言从来都是单一的，但是，法院的判决是以法院的名义而非以个体人物的名义作出的，因此，它是符号化的，隐蔽了个体人物（以及亚群体）之间的“斗争”关系。如果将符号抽去，在纳溪区人民法院的判决意见中，我们看到的则是地方性的“制约”与“反制约”，准确来说，则是“微观斗争”（即不同甚至对立的判决意见以及背后的不同力量的对比争夺，根据前述材料，审判委员会里就有不同的判决意见），或者，则是“小写”的两类法学知识之间的相互斗争（尽管这些“小写”的法学知识与“大写”的法学知识有关，或借助了“大写”的法学知识的话语权力）。[①] 而且，这一“微观斗争”可能是与当地社会的“微观斗争”相互关联的。于是，我们顺此可以有逻辑性地提出这样的问题：在地方性的基层法院司法运作中是否存在方向不同的“制约”？如果存在着方向不同的“制约”，那么我们是否应该修正或者限制“制约”的理论模型？在我看来，“微观斗争”的结果，极有可能是偶然的，而非必然的。因为，即使我们知道了纳溪区人民法院周边微观事物的关系，发现了其中微观事物的逻辑关系，我们依然不能宣称纳溪区人民法院在后来的类似案件中必定如此判决。毕竟，法院中的具体个人之间的“微观斗争”是存在的，人物的位置关系以及思想关系是会发生变化的。具体来说，有的人可能成了新的合议庭成员、新的审判长、新的审判委员会成员、新的主管民事审判的副院长、新的法院院长甚至新的上诉法院的法官，有的人可能因为一个社会事件改变了自己的判断观念……而其后来所持有的判决意见，也许恰恰是相反的判决意见。这些都是可能的，尽管不是必然

---

① 之所以不是通常意义上的“大写”的法学知识和“小写”的法学知识的斗争，是因为在材料中，我们不能断言“主张以《继承法》作为判决依据”的知识，或者，“主张以《民法通则》作为判决依据”的知识，本身就是“大写”的法学知识（目前中国流行的权威性的法学知识）。不论前者还是后者，在自我论证的过程中都涉及了其他的道德观念话语（关于如何对待“第三者”的道德判断）。在这样一个论证语境中，所谓“大写”的法学知识是缺席的。

的。“制约”一词，总的来说，则隐含了“必然”的意思。换言之，依照“制约”的逻辑，我们应该可以大致地预测纳溪区人民法院的判决。但是，我们的预测完全可能与后来的结果不一致。因为，有“斗争”在那里存在着。我不认为对“微观斗争”的解释建构也是一个理论模型。只是，我的确认为，以往的中国法学理论，以及《送法下乡》的法学理论，不能很好地解释以纳溪区人民法院判决过程为代表的一类微观斗争的“法学问题”。微观事物的逻辑关系，有时可能是我们事后理论分析的结果，而非事物本身的真实，即使的确存在着“事物本身的真实”。理论化的努力，在这里是会遭遇“反努力”的。

同时，我不认为通过《送法下乡》的实证方法的反复努力，我们就可以成功地解释“微观斗争”。因为，《送法下乡》中的实证方法是和“微观制约”观念相互联系的，甚至是以“微观制约”思想作为观念先导的。“微观制约”解释的失效，可能意味着该书的实证方法会随之失效。为了解释“微观斗争”，我们可能需要另外的研究方法和路径。

我们的确要走进现实的法律生活。除此之外，我们还要瞄向另外的新方向，运用另外的新方法。我相信，这同样是《送法下乡》所期待的学术精神。

CHAPTER 4

解读本土法律文化的一种独特方式

——读《法治及其本土资源》*

为何我们不能进而理解、宽容基于“语境化”利益而产生的“语境化”秩序或曰“民间法”，在其和国家法律之间建立一个可以相互理解、相互对话的有益渠道?

---

* 原载《二十一世纪》(香港中文大学·中国文化研究所) 1999 年 2 月号。

毫无疑问，在当代中国法学语境中，苏力的《法治及其本土资源》(以下简称《资源》)[①]已经成为十分重要的话语文本。该文本，以独特的叙事方式和叙事立场，质询了陈旧的法学意识形态，释放了被忽视、被压抑而本身又应该具有自在自为资格的话语理路，从而开启了本土法学构建的新视域。

解读法律文化，需要一种切入视角和论说手段。这可称作一种叙事方式。《资源》这一文本青睐从“社会法律事件”这类“现象文本”出发，来描述、解析、提升其中的法律文化的象征与隐喻。不幸的是，中国读者有时将此误读为对“美国案例教学法”的一种沿用或引申。其实，如果对法律社会学（及法律人类学）的“田野现象追踪”的独特品格有所知悉，便应理解，《资源》文本的“社会法律事件”起点式的叙事方式是必需的，而且寓意深刻（相对

① 中国政法大学出版社 1996 年版；中国政法大学出版社 2004 年修订版；北京大学出版社 2015 年第三版。

于法学）。因为，在“社会法律事件”的解读中，可以发掘本土法律秩序在历时与共时两个向度上的生长点、境遇性、差异族及其交互作用，从而窥视以至揭示法律制度的构建与缘由。

在《资源》文本中，“现象事件”本身已是被解读者“经验过”的事件，不是也不可能是所谓纯粹客观的自在事件。但是，并未遭受解读者“前见结构”过度干预的现象事件，其所具有的社会要素、社会特质，在大致拥有相同感性经验的读者视界中仍然具有可予解读的叙事意义。于是，《资源》文本为人们提供了秋菊的困惑、山杠爷的悲剧、强奸后的私了等可为人人共享共读的“现象文本”。而正是在这些可以共享共读的“现象文本”之中，我们经由《资源》“独特地”理解了中国本土法律秩序的图景、谱系与资源。

秋菊的困惑、山杠爷的悲剧、强奸后的私了等事件，在中国本土尤其是中国乡村这一特定语境中，展示了当下多种秩序的冲突和“自我顽固”。旧有法学话语相信，在现代性法治意识形态竭力张扬的现时情景之际，事件中的人物角色譬如秋菊、[1]山杠爷、[2]

① 苏力：《法治及其本土资源》，中国政法大学出版社 1996 年版，第 23—37 页。

② 苏力：《法治及其本土资源》，中国政法大学出版社 1996 年版，第 24—37 页。

被奸污的受害一方[①]及其周边并未融入“现代”的其他乡民，要么不能明晓国家法律“精心”安排的公平秩序，要么没有理解国家法律“诚意”送予的权利正义，要么在根本上不能认清自身本应获得的真实利益……

但是，《资源》文本机巧地颠覆了这套话语的潜在基础。它展示，具体语境中的乡民具有“语境化”的利益需求。这样，诸如秋菊想要“说法”而不希望村长进大狱[②]等表象的深层缘由被凸显了。虽然这些利益的意识，并不总是“恰当合理的”，然而，国家法律输送的利益、秩序同样具有类似的残缺性。否则，人们将无从解释为何国家法律总会出现增补、修改或废止。[③]由此得出的进一步结论则是国家法律输出的“权利”“正义”并非总是恰当合理的，从而并非总是普适的“大写”的。[④]

显然，如果在此没有一种反省的批判意念，国家法律输送的

---

① 苏力:《法治及其本土资源》，中国政法大学出版社 1996 年版，第 43—49 页。

② 苏力:《法治及其本土资源》，中国政法大学出版社 1996 年版，第 29 页。

③ 苏力:《法治及其本土资源》，中国政法大学出版社 1996 年版，第 61—62 页。

④ 苏力:《法治及其本土资源》，中国政法大学出版社 1996 年版，第 27 页。

权利正义实质上可能会压迫、扭曲甚至毁灭另一类原本可以或者应该存在的权利正义，可能会以“十足合法性”的外貌，使一种利益强暴了另一种同样资格的利益。既然如此，为何我们不能进而理解、宽容基于“语境化”利益而产生的“语境化”秩序或曰“民间法”，在其和国家法律之间建立一个可以相互理解、相互对话的有益渠道？[①]

此外，任何秩序的有效运作需要人力、物力、财力资源的有效支持。[②]在《资源》文本提供的种种事件中，我们会发觉，现代性国家法律由于上述资源的相对稀缺，时常无法在广袤的中国乡村本土充任随时随地解决纠纷的“亲密天使”。于是，在国家法律秩序的“盲区”自然而且必然产生维护特定社区秩序的民间制度规则，这些规则的形成，依赖“语境化”的利益需求，从而具有持久的“自我顽固”。因此，国家法律即便输送了“货物对版”的权利与正义，也必将难免遗留民间规则运作的空间与时间。

《资源》文本通过这样的叙事方式，为读者铺开了法律秩序多

---

① 苏力:《法治及其本土资源》，中国政法大学出版社 1996 年版，第 64—66 页。

② 苏力:《法治及其本土资源》，中国政法大学出版社 1996 年版，第 31 页。

元化和“地方性”（local）的思绪前景，同时，也为读者标明了《资源》文本的反思、柔性、民众底层的叙事立场。

第一，“多元化”“地方性”是相对的概念，在大致受染西方法律话语的中国国家法律以及法学意识形态强意推行法治现代化的进程中，中国本土文化与西方外来文化之间呈现了“多元地方性”的一种对立。中国本土与西方社会，都是“语境化”的区域，其自然而且应该滋生“语境化”的法律文化，如此，法治现代化的进程与资源自然应是多面的甚至主要是本土的。以这种方式，《资源》文本拓展进而深化了百年中国法律边缘话语的主旨要义：反抗现代性。

第二，正因为“多元地方性”是相对的，故而，在中国本土区域依然存在“内部”的法律文化的“语境化”问题。中国本土区域主要是乡村性的，但是，多种因素交互作用下的社会变迁，又使当代中国本土呈现了城市与乡村、沿海与内地、知识者与大众、边缘与主流……之间的社区和群体对立的演化张力。各种利益与地方性秩序难免存在牺牲与存留，然而，这不是也不应该是忽视甚至蔑视“边缘利益与秩序”的理由与根据。通过这种挑战“霸权”，《资源》文本流露出对“他者”利益以及制度法文化的地方性的宽容姿态。

第三，社会分工多样化、专业化、职业化，必将带来国家法律“利维坦式”的“权力知识”，使平民大众无从把握跨越国家法律的“知识栏栅”。然而，法律秩序的真谛主要在于民众对规则的自愿遵守，也更加在于法律与民众利益的内在结合。于是，对“法律知识”的理解便成为一个必要前提。多元地方性的法律话语，提醒而且预示了地方性秩序来自民众的自愿遵守，它和民众利益有着内在的联系，从而自然也和民众的理解彼此相通了。这样，《资源》文本为读者展示了真诚的法律融合民主的愿望诉求。[①] 这是“反抗现代性”和宽容姿态的叙事立场的逻辑起点。

当然，《资源》文本的“本土资源观念”，正因为有着极其震撼的警醒解构力量，因而也面临隐匿的可能的自我解构：“地方性”止于何处？“地方”本身的相对性，容易使“现象文本”的解读者无限制地划分“地方性”。于是，至少在理论上，“地方”这一概念可能在空间、时间两个层面上逐渐趋于“极端个性化”。由此而来的“利益”“权利”“正义”也是可能极端个性化的。但是，法律规则秩序必须具有区域性。规则是普遍的。这样，地方性的法律秩序像国家法律秩序一样难免具有压抑“亚地方性秩序”的

① 《资源》文本隐约地暗示了这点。苏力：《法治及其本土资源》，中国政法大学出版社 1996 年版，第 21 页。

问题。其实，只要纠纷存在，便意味着利益冲突，利益冲突便需要普遍的秩序规则的“他者”干预。这对国家法律来说如此，对地方性的法律秩序来说同样如此。

如此,《资源》文本的叙事方式及叙事立场，开启了本土法学构建的新视域，但在其对普适的国家法律观念具有解构的反思的同时，它所面临的自我解构的可能，亦为读者展示了法学思考的深度场域。

CHAPTER 5

研究中国法律教育之路

——读《中国法律教育之路》*

法律“概念的任何定义都是有争辩余地的观点，而不是真理”，不应圈定法律教学的“正确答案”，应该借鉴清代幕友活动的灵活启发式教育，应该“展示反对方的意见，以及反对意见的理论前设”。

* 原载《中外法学》2000年第2期。

在“中国法律教育之路”（书名）之前加上“研究”二字，是我对书中研究对象的重新解读和定位。从广义来说，任何学术文本本身便是一种研究路径的张扬和宣泄，无论文本是以论文汇集的方式来呈现，或以专著阐述的方式来呈现。而对学术文本的描述阅读，也预示了后来研究者对研究路径新的策略期待。

依愚之见，应对《中国法律教育之路》[1]（以下简称《之路》）予以关注。这不仅因为该书在本土法律教育的研究谱系中具有承前启后的言述位置，而且因为，该书在法律教育与法律制度运作的关系中具有深层的提示功能，疏通了法律教育研究之于制度意义以及制度之于法律教育意义的复杂思绪，从而，为人们真正反省当下本土法律教育机制指涉了诸多话语资源。

晚清以降，随着近代中国法律教育的萌发与呈现，对法律教

---

① 贺卫方编:《中国法律教育之路》，中国政法大学出版社 1997 年版。

育的研究渐次游弋于法学学术的语境之中。清末沈家本和民国时期法律学者董康，通过自己的学术文本，梳理了中国古代律学与律学教育的纹路与脉络，为人们理解近代法律教育和古时律学传授之间的渊源关系提供了引读代码。民国东吴法学院的《法学杂志》和民国法律学者孙晓楼的《法律教育》[①]，通过系列学者对法律教育本身机制的考察，以及对域外法律教育的推介，将人们的视界导入了更为广阔的空间和更具意义的深度。自然，稍后的学人，诸如张伟仁、康雅信（Alison Conner）甚至美国的庞德（Roscoe Pound），[②]借助中国以往和世界各国的法律教育的经验教训，挖掘了在中国时下语境中相互发明与彼此借鉴的可能意蕴。而 20 世纪 50 年代以来的中国学者，亦在中国现代本土法律教育的兴衰中，时隐时现地展示了法律教育于制度氛围中的命运与前景。

但是，站立世纪之交，中国法律教育的研究需要提纲挈领而又不失“全书式”品格的叙事文本。因为，我们需要对研究进路本身进行重新清理，需要对所持理念进行重新开启，亦即所谓彰往察

---

① 参见《法律教育》的新版本，王健编校，中国政法大学出版社 1997 年版。

② 参见张伟仁的“清代的法学教育”、康雅信的“培养中国的近代法律家：东吴大学法学院”和庞德的“中国法律教育的问题及其变革路向”。载贺卫方编：《中国法律教育之路》，中国政法大学出版社 1997 年版，第 145—334 页。

来。《之路》一书，为此做出了重要努力。

在《之路》中，通过多篇论文和《附录》的叙事，我们可以窥视前人的思考品性，知晓中国法律教育的历程，以及过往研究法律教育的心路，而且能够发现各类法律教育机制在不同的社会历史语境中是如何生发与变迁的。自然，《之路》文本的重要性，尤在于其向当下读者凸显了法律教育和法律制度之间互动关联的理解意境。

《之路》的编者在序言中警醒地指出：

> 法律教育赋予法律家以特定的知识和意识，法律教育培养着法律家思考和分析问题的方式，一国法制的面貌、法律在调整社会事务方面所发挥作用的强弱以及一般大众对于法律以及法律机构的态度等都与法律教育有着深刻的、多方面的联系。在一定程度上，我们完全可以说，法律教育乃一国法律制度最基本的造型因素之一。[①]

显然，如果认为从前的法律教育研究的主旨瞄准在法律人才

---

① 贺卫方："序言"，载贺卫方编：《中国法律教育之路》，中国政法大学出版社 1997 年版。

的培养方式上，那么，《之路》则将研究的策略之一，潜入了培养方式在制度之中的深层意义。倘若人们承认制度在法学研究的视域中，从来都具有中心焦聚的引力位置，那么，《之路》的策略在此提示了一个重要问题：以往法学研究者将法律教育视作“边缘话题”而大题小做，是否恰当？可以发现，许久以来，比较法的横向研究和法律文化的纵向研究已经表明了“法律社群”（或称“法律人”）在法律制度演化中的重要位置，同时“法律社群”，也正是通过法律教育来生产和重塑的。然而，法律教育的研究却时常以“副产品”的方式徘徊于法学研究的视域之内。这是失衡的，而且不无遗憾。《之路》文本承认并且确信，法律制度在一定意义上正是“法律社群”作用的动力产品。这样，“培养方式塑造法律主体”的问题，也就演化为“培养方式重塑法律制度”的问题。从而，法律教育的研究理应获得“中心话题”的合法地位这一主张，也就成为现代化法律制度构造图景的方案之一。这是《之路》的意见，亦为其贡献。

“法律社群”之于法律制度的意义在教育层面上需要发掘，这是毋庸置疑的。令人获益而又深受启发之处在于《之路》文本并没有停留于此。在《之路》论文的作者看来，法律人才培养方式的表象，隐藏了“广义制度”制约的背后场景。为什么清代幕徒法学培养具有独特的方式？为什么美国法律教育在“职业指向”的同时不失较高的学术水准？为什么20世纪50年代以来中国的法律教育几经周折？这些问题在《之路》中可以得到“学科考古学”式的精细答案。[①] 答案不同于口号意义的大面上的背景交代，而是试图在历史具体证据的微观连接上分析事件的发生与发展。如此，读者可以窥视甚至咀嚼其中的细微关联，从而，在反思法律教育改革之际可以同时关注“广义制度”的细节制约，进而有的放矢、步履坚实。另外，读者还可在其中领会“广义制度”经由“法律社群”钳制法律制度的传递关系。

当然，在对《之路》文本赞赏阅读的前提下，我尚有两点不成熟的意见予以表达。

第一，《之路》如同许多有关法律教育研究的文本一样，提出了灵活教学的必要性和可行性。正如人们通常设想的，《之路》文本也认为，成功的法律教育应该是而且可以是素质意义的，亦即灵活开放。培养对象应该成为行业内具有思考反省能力的探寻者，而非单纯的技艺工匠。唯有如此，培养对象在复杂多变的法律社

---

① 参见张伟仁：“清代的法律教育”；苏力：“法学本科教育的研究和思考”；方流芳：“中国法学教育观察”。以上文章分别载贺卫方编：《中国法律教育之路》，中国政法大学出版社1997年版，第145—247页、第3—53页、第54—82页。

会中才能具备较佳的适应能力。《之路》论文作者指出，法律“概念的任何定义都是有争辩余地的观点，而不是真理”,[①]不应圈定法律教学的“正确答案”,[②]应该借鉴清代幕友活动的灵活启发式教育,[③]应该“展示反对方的意见，以及反对意见的理论前设”。[④]自然,《之路》文本也像其他有关法律教育研究的文本一样，预设了一个假定前提：教学灵活是一定范围之内的教学灵活，灵活教学并未丢失“法律意义”的教学性质。换言之，法律教育有自己的行业区域，而行业区域并不排斥或者抑制较为自律的反思跃动。

但是，我以为，这样一种看法依然面临一个可能存在的悖论境地：一方面，灵活教学试图突破法律行业教育的“栏栅设置”；另一方面，法律行业教育本身希望统一性、一致性，也即抑制灵活教学以维护自己的“学科栏栅”甚至学科权力。两者的作用方向是逆向的。因为，事实上，从教学效果角度观之，灵活教育导

---

① 贺卫方编:《中国法律教育之路》，中国政法大学出版社 1997 年版，第 42 页。

② 贺卫方编:《中国法律教育之路》，中国政法大学出版社 1997 年版，第 76、122—125 页。

③ 贺卫方编:《中国法律教育之路》，中国政法大学出版社 1997 年版，第 240—242 页。

④ 贺卫方编:《中国法律教育之路》，中国政法大学出版社 1997 年版，第 76 页。

致的反思跃动完全可能引发“学科栏栅”的逐步瓦解。我们的确可以发现，在法律教学中对法律制度的深刻反省，势必导引反思者步入法律学科外的知识领域，去探寻法律周边以及背后的历史、经济、政治、文化等非法律的因素。这样一种探寻，已经“冲撞”了法律与历史、法律与经济、法律与政治、法律与文化的学科分界，将法律的因素嵌入其他学科领域，并将非法律因素裹进法律学科领域。而且，我们也能发现，许多具有反思能力并且对法律实践施加了实质影响的“法律社群”中的关键主体，本身便拥有深厚的历史、经济、政治和文化的学科知识，他们时常在“法律实践”的名义下，步入法律（通常意义上的“法律”）外的知识领域，打破法律学科的既定规训束缚。概言之，灵活教学本身并不能够确保“法律探寻”的“灵活统一”的辩证限定，相反，倒可能催化法律学科与其他学科的融合和相互侵蚀，使其行业分界变得模糊不清。

另外，如果认为，“法律人才的培养塑造方式”在某种意义上便是“法律制度的培养塑造方式”，那么，由此而来的深层问题便是灵活教学可能引发既定法律制度的动摇（比如，用经济的或政治的方式看待和解决法律问题，形成经济化或政治化的质疑现行法律制度的实施方案）。我们都会认为，法律制度应该具有相对的稳定性和变动性。既然如此，我们便要面对一个困难问题：在需要法律稳定性的时候，灵活教学是否可能“破坏”此类稳定性？进而言之，当反思跃动导引反思者跨越法律学科栏栅、步入其他学科知识领域时，法律制度可能因此发生了逐步的“栏栅”崩溃，而此时我们却可能需要相当的稳定与“顽固”。针对法律制度而言，灵活启发式的法律教育难免是个瓦解式的无始无终的解放诉求，它需要怀疑、批判、反省甚至自我否定的精神。由此而来的严重结果，势必迫使人们不能无视一个保守主张：法律教育的灵活有时并不一定要比“规训”式的填鸭式教学来得更具有适恰性。当然，笔者无意也无能力回应这里的困难问题，只是认为，阅读《之路》文本，可以推出这样一个需要进一步揣摩的研究理路。

第二，与“灵活启发教育”问题相联系，在中国近代乃至现代法律教育的学术研究谱系和实际操作谱系之间，可以发现一个有趣的“不曾间断”的理论与现实的紧张关系：一方面，研究者呼吁灵活启发式的教学；另一方面，法律教育从基本面上来看事实上总是“规训”填鸭式的。《之路》文本的两篇《附录》，从侧面暗示了这一关系的存在。《之路》作者的研究姿态和立场，也再现了这一紧张关系在当下的踪迹。《之路》论文作者之一朦胧地指出：“在英文里，法律职业（the Bar）是源于‘关卡’‘障碍’和

‘栅栏’等意思的一个引申词，它似乎表明这一行业本身的封闭性、垄断性。”[①] 我以为，其实，我们可以大体断定近代以及现代法律教育的运作对应了法律职业的“产出”和稳定，难免会有封闭性和垄断性。从社会分工的角度来看，法律职业是分配社会资源的一种方式和结果。而社会资源的此类配置形成，时常会使法律职业群体之中的大多数自然倾向于“故步自封”“因循守旧”（这里不含贬义）。“故步自封”和“因循守旧”反馈于法律教育的直接影响，便是法律教学方式的“规训”泛化。有了这样一种看法，我们就不会对前述紧张关系感到奇怪了。而且，基于这种看法，对法律教育方式的反思便成为对反思的反思：提出灵活启发式的教学本身意味着什么？它是否真正有益于法律职业的“制度生产”（如果认为这一“制度生产”具有合法性）？在不断提出之时，法律教育的实践在总体上是否总会依然故我？循此思路，法律教育方式变革的问题，也就变成了如何重新审视社会资源分配的历史及其合法性的问题，而不仅仅是梳理“广义制度”如何制约法律教育程式，或者呼吁法律教育的灵活开放。阅读《之路》文本，似乎可以引出这一另外的思考进路。

---

① 贺卫方编：《中国法律教育之路》，中国政法大学出版社 1997 年版，第 7 页。

过去的教育者可能成为将来的被教育者，而被教育者也可能成为将来的教育者。此外，他们本身注定会成为法律制度稳固与重塑的因素之一。但是，“教育”一词的用法，已经隐含了一种权力关系的配置。教育者具有知识而且具有启蒙的权力，被教育者处于被“规训”的他者地位。在法律教育的语境中，这类权力关系在法律制度保守运作以及社会资源分配的场景中尤为凸显。因此，研究法律教育不仅要突出法律教育的“中心话题”地位（当然是诸多中心话题之一），搜寻“广义制度”对法律教育的制约，而且要反思灵活教学方式与法律制度保守运作的紧张关系，更要追问保守教学方式与社会资源分配的依赖关系以及“共谋”关系。这，同样是种研究中国法律教育的道路。

CHAPTER 6

法律为何简约，何为简约

——读《简约法律的力量》*

简约必定和成本问题、激励问题有着关联，是在成本与激励的相互作用中表达自己意义的，而所有这些又是涉及未来时态的。

---

* Richard A. Epstein, *Simple Rules for a Complex World*, Cambridge, MA: Harvard University Press, 1995. [美] 理查德·A. 爱波斯坦：《简约法律的力量》，刘星译，中国政法大学出版社 2004 年版。

在今天的法律世界中，存在着一个人们熟视无睹的现象：不断增加法律规定、细化法律内容。以中国程序法制建设为例，20世纪90年代以来，中国对相关的民事诉讼法和刑事诉讼法倾注了极大的精力并付出了相当努力，我们在修订、完善这些诉讼法的时候，还不断推出最高法院的微观解释和微观规定，直到今天都是如此。如果非要预言，那么，可以认为在未来的相当一段时期甚至更长的时间里，我们还会而且必将看到类似这种程序法制作的中国法律生产。我们当然可以认为这是转型期中国法制建设只能面对的现实，越是转型时期越可以发觉这是自然而然的，因为，在转型时期出现的问题矛盾肯定使人应接不暇。但是，不仅中国法制建设是这样的，即便号称法制颇为发达并且已处于定型时期的美国也是这样的。虽然美国并不一定面临着程序制度“细节公式”缺席的困境问题，然而，美国在其他领域，如环境保护、社会救济、社区安全以及其他数不胜数的领域内面临着同样的困扰，美国在这些领域的法制建设同样是“乐此不疲”的。其实，这样看来，我们完全可以从更加广域、更加普适的角度看待这里的问题。换言之，不仅是转型期的中国法制，或是定型期的美国法制，当今处在其他任何时期、任何时代的各国法制，都存在着不断更新换代、添加“补丁”的完善法律规定以及法律内容的行动谱系，毕竟不论什么时候，任何社会总要面临新的挑战和新的问题。

那么，如何理解法律的这种广泛的“可持续发展”？

这是美国法律学者理查德·A.爱波斯坦的《简约法律的力量》所提出的一个问题。

一

一般来说，人们总是希望实现至善至美的公正，这是理解法律制度不断发展的一个角度。《简约法律的力量》指出：

希望在具体案件中实现公正，是促使法律制度积极运作、不断发展的最为强劲的动力之一。具体案件是法官和管制者必须面对的。在具体案件的语境中，人们制定且适用了大量的法律。在处理具体案件的过程中，法官或管制者，其法定作用和义不容辞的责任就是将一般法律适用于纠纷事实，做出正确的裁判。而公正的流产则是裁判结果中的一个错误，这个错误，从底部侵蚀着法律的道德权威，削弱了法律在调整人类行为方面的功效。因此，我们也就可以理解，为了避免这些不公正，为什么数量惊人的资源被用于法律程序的发展。这些程序规定着相关证据的提交方式以及相关证据的认定方法。[①]

此外，特别值得注意的是，《简约法律的力量》指出，人们时常还有一个信念，即相信“在小型、自愿结合性质的集团中可以发挥作用的复杂管理形式，在更为大型的、非个体化的社会背景中，依然可以获得同样的效果”。[②] 这是理解法律不断发展的另一个角度。换言之，这种相信“可以获得同样的效果”是促进法律不断发展的一个心理机制。“大多数个人，在大多数情况下，其生活背景是家庭和小型群体。一些极为细节化的非正式规范调整着家庭和小型群体的活动。”[③] 这样一种生活背景，不仅积养着人们

---

① Richard A. Epstein, *Simple Rules for a Complex World*, Cambridge, MA: Harvard University Press, 1995, pp.37—38.

② Richard A. Epstein, *Simple Rules for a Complex World*, Cambridge, MA: Harvard University Press, 1995, p.37.

③ Richard A. Epstein, *Simple Rules for a Complex World*, Cambridge, MA: Harvard University Press, 1995, p.42.

的一般生活规则习性，而且激发着人们对自己熟悉的非正式规范在另外语境下位移依然可以成功的信心确认。用句类似审美心理学的通俗表述来说，在这里人们是容易发生“移情”的。在小型社群中，人们尽管有着种种矛盾，其他各种各样的不方便，但总的来说是其乐融融的。当然，至关重要的是，在小型社群中，人们可以发现“复杂”的各种各样微观的角色分工和权力配置。这种“复杂”，在小型社群中，几乎是不会遇到任何障碍的，相反倒会时常体现令人羡慕的显著功能。当这样一种显著功能日积月累，为人熟知的时候，人们也就容易相信“这种功能”可以放之四海而皆准。

提出这样两种角度以期解释法律的“可持续发展”，其本身并没有什么特别令人振奋的地方。但是，如果对之加以深入分析，那么的确可以从中获得另外的认识和理解。

首先，考察一下第一个角度。

我们要注意一个现象。在一般人的心目中，大致公正或者相对公正，和真正的公正总是有距离的，甚至是相互背离的。试想一下，在分一块现代正义理论反复举例以期说明问题的“蛋糕”时，一个人是 18 岁的青年，一个人是 8 岁的少年，如果因为 18 岁的青年其自然肌体需求较大从而分配较多份额的蛋糕，反之，因为8岁的少年这种需求较小从而适量减少，那么，如此分配对个别人来说基本上属于可能的一种大致公正或者相对公正，从而也就可以接受，将其视为真正的公正也是不过分的。但是，假定在公正问题相当认真而且总是进入具体公正权衡的实践语境，通常人们就不是这样看问题的。如果18岁的青年是女性、娇小玲珑的，8岁的少年是男性、“体格超长”的，仍以肌体需求大小作为标准，为什么要这样分配蛋糕？如果18岁的青年已经饱食，或者面对蛋糕之际根本就是厌食的，8岁的少年没有饱食，或者就对蛋糕情有独钟，还以肌体需求大小作为标准，为什么也要这样分配蛋糕？如果18岁的青年就是情操高尚，坚决要求分给8岁的少年同等的甚至更多的蛋糕，还以肌体需求大小作为标准，为什么依然坚持这样分配蛋糕？如果18岁的青年将原有的分配给8岁少年的其他食品抢走了，反而继续要求较多份额的蛋糕，又以肌体需求大小作为标准，为什么又要坚持这样分配蛋糕？一般来说，人们可以设想各种各样的情景，质疑这种分配，因为分配条件是可以不断变化的，基于不同条件是必然要提出“为什么这样分配蛋糕”的。因此，对一般人来说，大致公正或者相对公正，极为可能不是真正的公正，它们是隐藏甚至遮蔽“特定条件”的所谓公正，更为重要的是，“条件”的设想和设定，总是根据不同的人，依不同的利益、不同的立场而出现的。

然而，这里的思路恰恰不是提出对于“公正”的彻底怀疑主义，而是暗示着“怀疑论者”总在期待真正的公正。作为“怀疑论者”的一般人，通常没有因此放弃对真正公正的想象，对他们来说，提出“大致公正或者相对公正和真正的公正总是有距离的甚至是相互背离的”，恰恰表明他们是在怀念真正的公正。更为准确地来说，一般人在提出怀疑的时候，是在期待实现具体化的“针对具体条件”的真正公正，即使这是十分艰难的。否则，就不能解释一般人为什么还要费时费力地质疑“大致公正或者相对公正”，而不去直接展开“现实蛋糕”的阵地战、争夺战，回归社会达尔文主义。

于是，对具体化的、具体条件下的真正公正的想象、怀念和期待，而非为了一般意义上的公正，更非为了笼统地“解决一般问题”，才是不断增加法律规定、细化法律内容并且总是在场的根本动力之一。显然，在一般人的理解中，只有不断增加法律规定、细化法律内容，不断地推出法律条件的限定，才有可能实现比较真实、比较具体、“看得见的”公正。再看一下本文开始提到的中国程序法建设，我们可以发现，其中无一不是努力试图在具体条件下实现具体化的真正公正。因此，在这个意义上，所谓的一般公正，不过是具体化的、具体条件下的真正公正的另一种代码。所以我们也就可以理解，为什么《简约法律的力量》进一步指出，真正的“至善至美的公正，并不满足于法律制度运作中的逐渐完善，它迫切地希望在每个具体案件中彻底消除错误”。[1]

其次，我们可以考察第二个角度：小型社群中的“规则复杂”的显著功能可以放之四海而皆准。

就第二个角度来说，人们首先忽视的问题就是这种“复杂”及其显著功能，它们内在缘由是怎样的。其一，在小型社群中，人们几乎没有相互警惕、打起十二分的精神以监控对方的刺激因素。因为小型，人们之间的空间距离包括时间距离都微乎其微，人们更多时候是在相互熟悉、不断熟悉甚至反复熟悉，人们总的来说是对彼此了如指掌的。而且，更为关键的是，这种近似零距离的关系足以使人发现保持这种关系远远要比破坏这种关系来得更为重要，只有相互依赖是不能抛弃的。夫妻、亲戚、情人、师徒、室友、职员、工友之类的人际关系，正是社会学和人类学时常说的“熟人”关系。这种熟人关系虽然不是必定没有矛盾的，没有相互小心的，但是，总的来说是彼此互助的。《简约法律的力量》提到：

---

① Richard A. Epstein, *Simple Rules for a Complex World*, Cambridge, MA : Harvard University Press, 1995, p.38.

小型群体中的每个成员在做出决定的时候必须全身心地关注其他成员的利益。这意味着，在一个家庭中，在一个小型群体中，你不是在和一个互不相识的人远距离地谈论生意，而是在和预先选定的一个彼此相识的人近距离地交互影响。而对这些自己熟悉的人来说，正如资深律师时常说的那样，你受到了自然而然的爱恋和情谊的约束。[①]

其二，因为对彼此了如指掌，所以，“在制定一个行动方案的时候，通常来说，成员没有必要冥思苦想群体中的其他成员想得到什么、担心什么。他们在以前的类似境遇中，已经了解了他们”。[②] 在小型群体中，人们几乎没有必要详细考虑自己的行动策略，以应对小型群体内部他者的可能疑惑。总的来说，夫妻不必担心各自的厨艺是否会使他方感到不适，亲戚不必忧虑各自的说话声调是否会使他方感到厌烦，工友不必担忧各自的日常玩笑是否会使他方感到烦恼……

---

① Richard A. Epstein，*Simple Rules for a Complex World*，Cambridge，MA：Harvard University Press，1995，p.43.

② Richard A. Epstein，*Simple Rules for a Complex World*，Cambridge，MA：Harvard University Press，1995，p.43.

其三，“不患寡而患不均”的效应在小型群体中不是特别地显而易见。因为彼此的依赖关系是长久的，所以，“如果在一个具体的交易中其中一个成员比另一个成员做得更为出色，那么，对于任何一个成员来说，没有必要担心是否立即解决出色成员的报酬问题”[1]。“今天获得成功的人也许明天就成了失败者，或者反之，其结果是，对任何人来说，几乎没有什么理由去瞻前顾后，斤斤计较，患得患失。不断地投入日常工作生活的实践中，其本身已经足够令人满意了。”[2]

正是因为上面提到的三点语境因素，所以，小型群体中呈现的规则没有特定的权威，没有通过某种绝对不可置疑的权威加以颁布，它们有如萨维尼所想象的是默默地自觉发挥作用，静悄悄地“浮出水面”。其所需要的不是任何外在的明确标准为其树立尺度，而是不断的试错机会和机制为其提供滋养。其所需要的修正方式也是非正式的，仿佛是习惯在启动着修正程序。概括来说，“一个默默的激励机制在起着作用，以确保这些规则在制度上行之

① Richard A. Epstein, *Simple Rules for a Complex World*, Cambridge, MA : Harvard University Press, 1995, p.44.

② Richard A. Epstein, *Simple Rules for a Complex World*, Cambridge, MA : Harvard University Press, 1995, p.44.

有效”。[1] 于是，我们在小型社群中自然而然看到的就是“复杂”这一特性。

概括来说，人们容易忘记这种“复杂”的“出身”。这样，一个期待大型复杂社会中复杂法律制度的移情想象也就顺此不断发生。

二

学术话语的重要功能之一是“于旧之处”不断拓宽思考的边界，从而不断发掘问题的边界。如果仅仅提出“追求公正”和“移情想象”两个角度以期解释法律的“可持续发展”，学术意识的结果也就不过尔尔。但正是因为可以对这两个角度加以深入认识，而且实际上也是这样认识的，所以，《简约法律的力量》也就能够提示新的思考、新的问题。

首先我们可以深入认识一点：不断追求具体化的、具体条件下的真正公正，将会引发怎样的问题？

一个思路当然是导致上面提到的怀疑主义，也即将公正问题彻底消解，或者，将公正以“谁之公正、谁之正义”的方式立场化、政治化。我们的确可以发现，有人正是相信不断追求具体真正公正

① Richard A. Epstein，*Simple Rules for a Complex World*，Cambridge，MA：Harvard University Press，1995，p.44.

的结果就是瓦解公正。这种思路是允许的，也是颇有警示作用的。但是，如果从另外的角度切入也许又是颇有启发的。《简约法律的力量》提出的问题是：在追求真正的至善至美公正的时候，其过程所发生的成本会是怎样的？显然，就社会问题的解决而言，是不存在仅有收益而无费用的美事的。很多时候，问题之简单正是在于“无钱无法成就”这一素朴的常识。如果成本是不堪重负的，而且还有其他“失望”，那么就要追问这里是否还存在什么其他问题。

我们可以注意一个中国法学界和法律界熟知的在中国出现的侵权纠纷。一名路人经过一幢居民楼的时候，楼上掉下一个烟灰缸。这个烟灰缸砸在这名路人身上，造成伤害。这名路人因此付出了医疗费并且出现了其他损失。在法院提起诉讼的时候，这名路人将楼上的多名住户列为被告，要求他们承担连带责任，理由是自己并不知道而且也无法举证究竟哪位住户曾将烟灰缸“扔出”。[①]这一纠纷应当怎样解决？[②]我们可以想到许多棘手的法律问

① 相关情况可以参见圣兵：“高空坠物砸伤人，涉嫌住户同赔偿，侵权人不明可否搞‘株连’”，载《法制日报》2002年3月2日。

② 现在，《侵权责任法》第87条对此问题已有明确规定。但一方面，对此问题人们还会争论；另一方面，类似的复杂法律问题在未来也可能在其他方面出现。同时，未来立法未必一定不会修改，所以，其依然可以作为例子加以讨论。

题。第一，如果根据《民事诉讼法》第六十四条的规定，“谁主张谁举证”，那么，一名路人怎么可能举证？如此要求原告举证等于预先设定原告已经败诉。这似乎是不公正的。第二，如果在原告不能举证的情况下，要求诸位被告自己举证，如自己没有扔下烟灰缸，那么，这是否也有不合情理的成分？不能否认，在这些被告中，必定存在着“无辜者”。让“无辜者”举证为什么就必定是合理的？第三，如果在被告举证不能的情况下让被告承担连带责任，那么，等于在要求某些“无辜者”承担责任，这样的责任要求是否也有不合理的地方？第四，要求被告中的“无辜者”承担责任，那么其中隐含着一个逻辑：原告也应承担一定的责任。理由之一是他经过了楼下（不经过楼下就不会出现被砸伤的情况）；理由之二是“无辜者”也是可以承担责任的。然而这样处理是否可以接受？第五，不论怎样处理，都有可能使“始作俑者”实际所负担的责任远远低于其应负的责任。一个制度怎么可以造成这种结果？第六，如果确定被告责任连带，那么，选定连带被告究竟依据什么标准？是二楼以上的所有楼层住户，还是三楼以上的住户？是依据砸伤的程度判断楼层，还是依据扔出物品的可能角度方向判断楼层以及某层住户的多少？

人们当然可以提出其他各种疑问。然而，所有这些疑问都隐含着一个预期目标：应当准确、具体地实现至善至美的公正。如果顺此目标继续思考，我们还会想到有趣的第七个问题：如果第六个问题所涉及的连带责任是必需的，那么，是否应当根据各个被告住处和原告受伤地点的距离、角度等参考函数，来确定被告的具体责任比例？这样是否更加公正？[①]

在此，进一步的问题在于所有这些疑问，尤其是第七个疑问，都将可能引导人们仔细考虑案件的各种调查结果，不断地求助于所提交的证据、专家意见、距离测量、相互质证等，[②]还有以后的细节立法努力。我们完全可以想象这是一个多么复杂的法律操作，而其中包含了多么不易想象的成本支出。当然，如果最终结果可以查清责任并且以后能够解决类似的复杂问题，沉重的成本代价可能也是可以接受的。但是，就这里提到的案例纠纷而言，由于无法获得完全的信息，这是一个非常根本的重要障碍，成本的支出就像投入了无底之渊。在这里，成本支出似乎是没有回报的。所有这些复杂的法律规则的设想和法律操作，其“所带来的成本

---

① 我们可以注意各个媒体网络上的不同意见，这些意见基本上是围绕“是否公正”来讨论的。

② 关于类似的讨论参见 Richard A. Epstein，*Simple Rules for a Complex World*，Cambridge，MA：Harvard University Press，1995，p.98。

非常之大，而其所带来的功效则是非常可怜”。[①]

接此，我们也就必将面对一个深层困惑：这样成本支出的正当性是什么？我们怎样证明这是合理的？一方面是信息不完全所造成的重要障碍，另一方面是无法舍弃的真正公正的追求，还有一个方面是这种追求所带来的成本增量耗费，于是我们所面对的是三重的悖论困境。其中既有经济的正当性问题，也有道德的正当性问题，还有政治的正当性问题。正当性问题是不能大而化小、小而化了的。这一问题深深嵌入社会集体意识之中，为人们所关注，为人们所追究。因此所有这些当然都是需要我们追问的。

现在我们再看另一点：将小型社群中的复杂规则移入大型社群，其所引发的问题是怎样的？

其一，在大型社群中，人们之间难免相互警惕、小心谨慎，总会出现监控他人的兴趣和“乐趣”。因为他们之间总是存在着较为明显的利益分歧。“在一个松散的互不相识的人的相互协作中，作为日常生活一部分的利益冲突则可能是颇为重要的。互不相识

---

① Richard A. Epstein, *Simple Rules for a Complex World*, Cambridge, MA: Harvard University Press, 1995, p.99. 中国法院时常会做出一个折中性质的裁判。就上面提到的案件而言，法院最终判决被告承担连带责任。但是法院并没有明确表示这种判决的制度成本思考。其实，当遇到这类比较蹊跷的案件时，法院总会做出一个这种性质的裁判。

的人之间的相互协作，不是以友爱作为基础的，而是以‘注意’作为起点的。”[①] 其二，大型社群中的人们总是并不那么熟悉的，他们的行动总是瞻前顾后的。在采取一个行动之前，人们总要考虑一下他者的感受、想法、反应，甚至他者可能采取的相反行动。如果自己是从事饮食行业的，当然就要仔细琢磨顾客的可能嗜好，顾客是否满意、捧场、拆台、投诉，或者极端者“揭筷而起”。其三，因为彼此的关系不是长久的，所以，“不患寡而患不均”的效应极为明显，这种效应“相对来说是相当严峻的”。[②] 不仅如此，大型社群的人们还有可能既“患不均”又“患寡”，在要求所谓平等的时候尽力要求“多一份”。毕竟，彼此的关系是颇为暂时的，而机会总是有限的。如果我是一个异地的购买者，为什么我不去要求同等的价格对待，甚至要求少付一些钱?

在这里我们可以发现，将小型社群中的复杂规则引入大型社群，其所带来的成本同样是令人生畏的。背景因素的变化引起了系列的条件魔幻。当制定复杂的法律规则并且将其推入大型社群的时

---

① Richard A. Epstein, *Simple Rules for a Complex World*, Cambridge, MA: Harvard University Press, 1995, p.43.

② Richard A. Epstein, *Simple Rules for a Complex World*, Cambridge, MA: Harvard University Press, 1995, p.44.

候，我们通常难以知道，广泛的社会人群将会采取怎样的行动策略，为了实现所谓的“法律实效”，我们将会拨付多大的财政支出。同样重要的是，正如我们在“追求真正的公正”中所看到的，我们还会遇到信息不完全的障碍，这就导致我们依然无法证明这样一种财政支出是正当的、合理的。我们再次面临了类似的三重悖论困境。

三

在我看来，现代法律的不断发展，似乎根本没有回应这里的正当性问题。作为支持法律不断发展的人们，似乎认为这种正当性的追问极有可能是不成立的。为什么我们不能增加法律生产、流通、运作的财政拨款？为什么我们不能推动甚至加速法律职业的扩张？或者，更为冠冕堂皇地说，为什么我们不能锲而不舍地将小型社群中的“规则理想”变为大型社群中的“规则理想”，尤其是锲而不舍地追求具体化的真正公正，即使它是看上去的“乌托邦”，即使我们总是遭遇信息不完全的障碍？这些反问是可以直接提出的。

然而，当提出这些反问的时候，当继续锲而不舍地努力追求法律发展的时候，我们可能是在不知不觉地做着另一种工作：培育一个庞大的政府机构、培育一个“暗中敛财”（如果说得严重一些）的法律职业。而且，因为我们并不知道将要付出多少成本，所以培育费用又是不断有增无减的，我们需要为此准备支付不断增加的惊人账单。显而易见，基于法律制定的复杂性，以及伴随而来的法律实施的复杂性，必然需要增加立法、司法、执法还有诸如律师的“辩法”的大量投入。当法律制定以及法律实施的复杂性是不断的时候，大量投入也是不断的。这样，社会财富的转移在这里是静悄悄的，然而又是有去无回的，同时还是源源不断的。于是，对前面提到的正当性的追问，就转变为了这样一种追问：当几乎无法实现具体化的真正公正的时候，当不能实现小型社群和大型社群之间的复杂规则位移的时候，为什么社会的一部分人要向另外一些人不断“朝拜进贡”？站在一个纳税人的立场上，我们如何能够接受这里的正当性？

这里丝毫没有反对法律存在的意思。法律应当存在，而且如果在过去和现在加以考察，我们的确可以看到法律也在发挥着应有的作用。法律从产生那天起，就给人们带来了方便、秩序、尊严，当然也包括有时人们非常满意的公正或者正义。但是，正如生产者在提供了他者所需的产品时应该获得回报、在没有提供他者所需的产品时不应获得回报一样，法律生产者也必须面对是否应该获得回报的问题。如果厂家为我们提供了根本无法使用的产品，那么，我们为什么要付款？与此类似，当法律的一种功能不能解决纳税人的社会生活实践问题的时候，纳税人为什么要保持甚至保养这种功能，而且还要不断地养活驾驭这种功能的职业人员，直至付出神圣的法律信仰？

因此，必须对复杂法律特别是法律的“可持续发展”进行反思。在我看来，这是《简约法律的力量》一书所提供的最有意义的学术价值以及实践价值之一。我们应当注意该书提到的这个内容：“如果立法行业可以成为所有行业中最为繁荣的行业，那么，我们应该尝试去做的，也就没有任何成功的可能性了。”[①] 我们还需注意该书《序言》中的这段内容：

> 随着时间的推移，我们全方位地处理社会问题的雄心，使我们迷恋一个十分复杂的法律规则体系。在这个体系中，只有法律工作者才能理解和驾驭，而且费用不菲……随着时间的推移，我们发现，私人化的社会角色和公共化的社会角色，为了解决具体的困难问题，无一例外地必须求助于法律工作者的帮助，求助于对法律拿捏自如的政府管制人员的帮助。其实，正因为如此，新

---

① Richard A. Epstein, *Simple Rules for a Complex World*, Cambridge, MA : Harvard University Press, 1995, p.140.

的困难问题又因为其他原因而被引发出来。显然，对于我们来说，复杂的法律带来了一些便利，然而确定其中的某种具体便利到底是什么、到底是怎样的，却是十分困难的。相反，确定这种便利是如何被“冲抵”的，倒是比较容易。

四

不能否认，对法律的可持续发展提出这样的反思，表明了这本著作的“批判”立场。然而，正如许多针对法律提出批评的著述一样，《简约法律的力量》恰恰是将“批判”作为一个建设理论借以宣扬的基本起点。在这个意义上，对“复杂法律”提高警惕，并不意味着抛弃法律，而是建立一个对立参照以期阐发“简约法律”的思想。我们可以认为，根据日常语言的一些习惯，将“复杂法律”和简约法律对应起来，是大致可以得到允许的。于是，揭示“复杂法律”的困境，等于在说明“法律为何应该简约”。

那么，什么是法律的简约?

我们可以注意书中所举的例子。假设法律规定，“原告总是胜诉”，或者，“被告总是胜诉”，那么，两个规则都是非常简单的规则，甚至在语言陈述上都是至为精炼的，它们可以在任何场合下加以适用。[1]但是，这样“简单”的规则所带来的结果并不是简约的，更为准确地来讲倒是更为“成本化”的。因为，就第一个规则来说，显然，其激励作用势必导致法律诉讼的爆炸，人人都会希望从中捞取收益。于是，成本首先摊向了颇为得意的法律职业尤其是其中的代理律师阶层；其次则指向了围绕诉讼而产生的各种各样的政府成本和私人成本，毕竟，政府要考虑如何应对排山倒海般的诉讼浪潮，私人要考虑怎样才能避免成为被告。这样一种结果所带来的成本，不仅会使政府感到不堪重负，而且“会使决心将官司进行到底的缠讼者，希望通过诉讼伸张正义的缠讼者，都感到不堪重负”。[2]就第二个规则也即“被告总是胜诉”来说，其激励作用则是挑起愤恨，从而导致人人最终希望使用武力解决纠纷。不难理解，成为被告不但无须承担任何可能存在的责任义务，还能赢得法庭宣判胜利的话语荣耀。这样，最初可能就已受到伤害的原告，就会发觉起诉是毫无意义的。诉讼不能解决问题时，最佳办法也许就是鼓足勇气面对直至参加霍布斯的“人对人像狼一样”的混乱世界。这就最大

---

① Richard A. Epstein, *Simple Rules for a Complex World*, Cambridge, MA: Harvard University Press, 1995, p.33.

② Richard A. Epstein, *Simple Rules for a Complex World*, Cambridge, MA: Harvard University Press, 1995, p.33.

限度地增加了各种社会成本和私人成本。

因此，简约不是简单。[①] 同时，简约必定和成本问题、激励问题有着关联，是在成本与激励的相互作用中表达自己意义的，而所有这些又是涉及未来时态的。[②]

再看一个例子。

A 拥有一块木块，由于疏忽将自己的木块留在了 B 的房间里，或者，有人将木块误交给了 B，而 B 在雕刻雕像的时候，善意地认为木块是自己的，并且将其制作成了一个雕像。现在双方发生纠纷，都在主张雕像应归自己。谁应该拥有这个雕像？理由是什么？这是双方无意中参与其中的一项“共同投资”，双方都存在着误解，都是善意的，并且在一件单一物品上的共同投入都是不可收回的。

第一种解决方法是将雕像返还给对木块拥有产权（以及添附权）的 A。但是，这个解决方法，等于在迫使 B 将自己的劳动成果转移给 A。这似乎违反了将每个人自己的劳动控制权赋予其自己的自治原则。第二种解决办法是允许 B 保留这个雕像，

---

① Richard A. Epstein，*Simple Rules for a Complex World*，Cambridge，MA：Harvard University Press，1995，p.98.

② Richard A. Epstein，*Simple Rules for a Complex World*，Cambridge，MA：Harvard University Press，1995，pp.32—33，96，307.

以保护 B 的劳动权利。然而如果真是这样保护了 B 的劳动权利，那么，A 就失去了他自己的木块，同时又没有得到任何的回报。第三种解决办法是允许一方取得另外一方的财产或者劳动，但是给予补偿。

怎样理解第三种解决办法？双方各自所拥有的财物（包括劳动）的混合，用经济学的术语来说，在 A 和 B 之间建立了一个“双边各自垄断”的局面，双方都无法回到原初的状态，也即 A 拥有自己的（未被改变的）木块，B 拥有自己的（现在付出的）劳动。也许，法律可以将双方当事人视为一个依照各自明确的投入比例共同投资的合伙人。当然，这个解决办法迫使两个陌生人进入了共有者的受托义务中，违反了他们的意志，而没有使他们进入另一种义务，这就是无须同意就可设定的义务。但是出于权利转让而实施的适当补偿，可以成为较优的解决办法。它尊重了任何一方的善意投入，同时，允许他们各自做出自己的选择，也即在做出补偿和获得补偿、接受物品劳动和放弃物品劳动之间做出选择。

那么究竟谁可以得到这件物品？谁必须接受适当的补偿？在此，严格来说没有固定的答案。但是，一个原则是可以考虑的，比如，考虑市场价值和主体评估的价值之间的差异。A 的木块，是一个可替换的物品。如果没有碰巧的“混合”问题出现，他几乎不可能在这块木块上拥有任何特别的附属收益。这或许解释了他为什么购买这块木块，而不是另一块类似级别和类似质量的木块。这个雕像，是一个独一无二的艺术作品，其价值是相当不确定的。把雕像给予 B 并要求 B 将另一块替代木块交给 A，显然要比将雕像给予 A 并由 B 对这个雕像作价，给出非常不易确定的估价，更为可取。在这里，有件事情几乎是不太可能发生的：如果 B 是用他自己的材料制作雕像的，那么 A 就会成为一名购买雕像的个人。法律中时常出现的一个解决办法，就是倾向于将这件物品授予对其估价最高的一方。从基本层面来看，为了降低政府成本（查明这块木块价值所付出的成本），法律设定了一个强制性的“购买”：留给 A 一个可替代他木块的替代物，同时使 B“富裕起来”，仿佛他是利用他自己的木块雕刻了这一雕像。这个解决办法是简约的。同时，最为重要的是，这样一种解决办法又给予了双方以未来的宽松选择想象：A 将不太在意出现类似的纠纷，B 也将不太在意出现类似的纠纷。毕竟，不论怎样，其结果都是不错的，成本问题最小化了，行为激励也是正面的。于是，这样一个解决办法为我们提供了一个“成本”与“激励”之间相互协调的良好范例。

“雕像例子”是书中的一个重要例子。[①]

现在，我们尝试分析前面提到的中国例子，也即路人被砸伤的案例。

首先，如果判决被砸伤者也即原告胜诉，那么，就出现了数名被告成为“无辜者”的局面。反之，如果判决被告胜诉，原告也就成了“无辜者”，而且可能出现要比“数名无辜者”还要无辜的情形，因为原告自己一人承担全部损失。当然，还有第三种方法，判决原告和所有被告共同承担损失，按人数比例分配责任。三种方法都有一个共同特点，这就是在某种程度上使“损失始作俑者”成为制度的受益者。然而，因为查明“真凶”是不可能的，所以这是一个无法避免的附带结果。而且本案的奇妙复杂就在于不知谁为“始作俑者”。在这个意义上，这个共同特点可以忽略不计。

第三种方法看上去好像还是不错的，因为，大家都承担了相对而言较少的损失，除了“真凶”之外，其他所有被告加上原告由于“均摊”而使每个“无辜者”都减少了自己的支出。但是，这里存在一个糟糕的激励：原告为了减少自己的支出，且发泄自

---

① Richard A. Epstein, *Simple Rules for a Complex World*, Cambridge, MA : Harvard University Press, 1995, pp.116—118.

己的不满，遇到类似的情况将会尽力将尽可能多的被告拉入诉讼，于是，这就在增加政府成本（法院调查被告是否有关）的同时增添了社会对立（原告和潜在的更多被告的对立）成本。而且，原告也有自己的成本支出，即查明并且举证哪些被告是有关的。就日后的激励来说，原告为了避免再成为“无辜者”，即使是承担较少损失的“无辜者”，也将不愿意再次行走这条道路，其他路人也将避免行走这条道路，这条道路于是也就成为一种公共浪费。当然，对被告来说是有正面激励的。被告将仔细思考自己未来的措施，尽量使自己与侵权事件的发生“没有关联”。在成本和激励之间，我们可以看到一种尚能接受但不是很理想的平衡。

再看第一种方法，也即原告胜诉。如果原告胜诉，那么，一个成本就是政府成本（法院调查被告是否有关），同时原告也有自己的成本，即查明并且举证哪些被告是有关的。但是，这种解决方式的激励结果在总体上是可以接受的。因为，这种判决使各个被告在未来必须谨慎小心自己的行为，尽量不去投掷物品。尽管一个被告的侵权行为可能导致与其他被告共同承担侵权责任，而自己只需承担较少的败诉责任，然而，自己依然是需要付出代价的。于是所有被告也就都存在避免“侵权”发生的激励。此外，为了避免自己成为一个承担责任的“无辜者”，楼上住户总要想方设法改善条件（比如，改善阳台设施以使他人认为自己不可能扔下物品），监督其他住户，以在出现类似纠纷的时候，证明是与自己“无关”的，等等。就原告一方来说，以后在经过楼下的时候依然无须过于担心。就这条道路本身来说也不存在公共浪费的问题。在成本和激励之间我们看到了较优的平衡。

再看第二种方法，也即被告胜诉。如果被告胜诉，政府成本（法院查明被告是否有关）和原告的起诉成本（查明并且举证哪些被告是有关的）是无法避免的。然而，这种判决的激励效果在总体上是负面的。首先，原告以及以后类似“原告”的人将不敢行走楼下的道路，从而道路将会被废弃。其次，楼上住户将不会在意自己的行为以及其他住户的行为，从而使该楼区成为危险地带，侵权事故完全可能不断发生，导致各种成本不断出现。在成本和激励之间，我们几乎看到的是糟糕的平衡。

按照《简约法律的力量》的思路，成本和激励之间的良好平衡，是法律“简约”的关键。[①] 实现了成本和激励之间的有益平衡，也就实现了法律的“简约”。因此，第一，“简约”不是“简单”的重复，其更为重要的是个经济学的概念。第二，这种经济

---

① Richard A. Epstein, *Simple Rules for a Complex World*, Cambridge, MA：Harvard University Press, 1995, p.30.

学的思路并不是简单的会计成本、机会成本思考的翻版，其还融入了政治经济学的思考，也即成本正当性的证明。第三，正因为成本与激励之间的关系是关键性的，所以，即使表面上看来“复杂”的规则，只要其具有成本激励之间的正当性关系，其依然是“简约”的。[①]

五

我不认为这种经济学的甚至政治经济学的思路是天衣无缝的。仍以前面两个例子予以说明。在前面“雕像”的例子中，如果 A 的身家能以天文数字来计，那么，判决 B 不仅获得雕像而且不用补偿，那么又将怎样？在我看来，这依然是种通过法律的适当财富配置，依然会有良好的激励作用，而且可能是更为良好的激励。因为，如果木块对于 A 来说不过是九牛一毛的事情，而对于 B 而言则是雪中送炭的事情，那么，使 A 不获得另一块木头的补偿也就有如通过税收重新分配财富（对富人征收更多的税款从而二次分配）一样，实现了一个社会均衡，而且通常来说 A 是不会过于在意的。在后面“砸伤”的例子中，如果原告也是腰缠万贯，而

① Richard A. Epstein，*Simple Rules for a Complex World*，Cambridge，MA：Harvard University Press，1995，chap.1.

被告则是斗室家贫，或者反之，原告是一贫如洗，而被告几乎都是达官贵人，那么，判决经济拮据一方胜诉，同样会有良好的激励和良好的社会财富再次均衡。概括来说，这种均衡对社会可能是必要的，然而，未必是成本与激励之间的有效搭配。它虽然同样是政治经济学的，却是另一种政治经济学的目的期待（当然这有赖于我们如何理解社会财富分配）。更为重要的是，根据经济学甚至政治经济学的思路，我们也未必就应不去顾及案件条件的各种微观变化，从而拒绝另类甚至相反的纠纷解决。

指出这一点，并不意味着我在指出《简约法律的力量》的不足，也不可能存在“指出不足”的问题。而且,《简约法律的力量》本身也许认为这点根本不是不足，这里是包含争论空间的。其实，关键在于，一本著作可以在提出自己见解的同时，使他者提出另外的问题思路，在法律的语境中，这是至为理想的。正如该书所反复提到的，法律总是面对复杂世界的，而复杂世界的问题要害在于复杂因素是无法完全甚至大体加以预测的，因为信息是不完全的。法律在解决问题的时候，时常是在“摸着石头过河”。“一劳永逸”这样的关键词，在法律追求的语汇中是不可能注册的。在这个意义上，重要的是一本法律学术著述是否可以提供开放的思考空间，是否可以提供经验上的反证可能性，从而推进我们对法律与复杂世界关系的重新理解。其实，《简约法律的力量》一书也在经常提到“简约”所遇到的问题，提到重新认识“简约”的可能性。尽管相信“简约”的设想在许多地方可以具有力量化的效果，然而，该书也在说明“简约”有其自己的边界。[①]

当然，验证法律理论的意义，自我辩驳、自我推进，是必须在实际的微观法律环境中展开的。于是，我们也就发现了《简约法律的力量》是如何深入法律王国的各个领域，如财产法、侵权法、婚姻法、合同法、保险法、劳动法、税法、公司法、证券法、反垄断法、土地管理法、交通法、环保法等的，是如何深入细节化的经济问题以及政治问题领域的，是如何在这些领域中展开自己“简约法律”的思想实验，以期论证其所具有的重要力量的。这样一种叙事策略，尽管是希望在人们习以为常的复杂法律现实和法律“可持续发展”中逐一展开运动战、游击战，从而各个击破，在细节上彻底“戳穿”复杂法律的历史进程不可阻挡的现代性神话，然而，这又是必须操作、必须坚守的一项学术活动，也是“法律是务实的”“法律必定需要解决实际具体问题”这些原则所要求的智识期待。显然，仅仅适用宏大理论，如“简约无所

---

① Richard A. Epstein, *Simple Rules for a Complex World*, Cambridge, MA : Harvard University Press, 1995, pp.31—32, 53, 140.

不能”这样的宏大理论，以应对“复杂法律”的宏大理论，是没有任何意义的。“复杂法律”的观念本身就是在微观的法律部门和微观的法律现象中建构的。为了征服对方，也就必须要在对方得以成立的基础上展开较量、拿出实力。而且，法律务实的品格决定了法律理论不能是抽象的理论游戏。因此，不仅要提出“为什么复杂法律的发展可以畅通无阻”，而且要在提出这种问题之后运用巧妙的学术战略，通过从一个具体法律问题进入另一个具体法律问题的方式，去逐步揭示其中的痼疾，展示另外的想象，提出新型的方案。

这是我们在《简约法律的力量》中可以欣赏到的睿智。

补充一点。

《简约法律的力量》的原文是 *Simple Rules for a Complex World*，直译为《简单规则应对复杂世界》。通过前面的分析，我们已经可以发现，在这本著述中，Simple 不一定是“简单”的意思。在中文中，“简单规则”和“复杂规则”是直接相对而立的。[①]提到“复杂规则”我们就会想到条文冗长、含义繁密的规则。相反，提到“简单规则”我们就会想到条文短小、含义稀薄的规则。

---

① 这里所说的“简单规则”和“复杂规则”的对应，与本文前面提到的“简约法律”与“复杂法律”的对应是不同的，尽管有少许相近的地方。

而事实上，作为书名的 Simple Rules 以及全书所论述的 Simple Rules，显然不是指中文通常所说的“简单规则”。第一，其指实践秩序，一种在法律实践中操作起来简明扼要的秩序。第二，其指实践后果，一种在法律实践中运用法律结束之后出现的正当性结局。[①]另外，中文“简约”和“简单”也是有区别的。“简约”更指一种风格，“简单”不过是简化的某种表达。面对一项事物，当称其“简约”的时候，我们是在评论欣赏其具有的独特风格，而且包含“审美”的意思。[②]反之，当称其“简单”的时候，我们极为可能是在评论其具有的“一般省略”，而且并不包含“审美”的意思。如果是在“某人思想简单”一类的语言陈述中，其还具有贬义的意指成分。因此，将 Simple Rules 翻译为“简约法律”也许是最为合适的。[③]最后，原书展现了作者希望证明“简约法律

---

① Richard A. Epstein, *Simple Rules for a Complex World*, Cambridge, MA : Harvard University Press, 1995, chap.1.

② 原书包含这个意思，参见 Richard A. Epstein, *Simple Rules for a Complex World*, Cambridge, MA : Harvard University Press, 1995, p.118.

③ 还有一点，在中文中，我们可以这样使用语言：关于公司内部运作的简单规则可以处理公司内部的复杂世界。就此而言，直译《简单规则应对复杂世界》似乎不能直接表明该书的“法律意义”。

的力量”，[1]显示了作者更希望论证简约法律在复杂世界面前的优异能力，[2]如此，将其译成《简约法律的力量》也许更符合原著的精神追求。[3]

---

① Richard A. Epstein, *Simple Rules for a Complex World*, Cambridge, MA: Harvard University Press, 1995, pp.153, 322.

② Richard A. Epstein, *Simple Rules for a Complex World*, Cambridge, MA: Harvard University Press, 1995, pp.21, 53, 128, 211, 275, 305, 308, 325.

③ 本文为中译本的“译序”。

CHAPTER 7

奥斯丁的“法律分析”

——读《法理学的范围》*

从中，我们应该体会“分析法学”的方法起点，应该欣赏步步衔接的逻辑推论，应该品味渐次深入的思考开掘。

---

* 原题为“重读奥斯丁的《法理学的范围》”，载《环球法律评论》2002年第3期。原著中译文有：刘星译，中国法制出版社2002年版；刘星译，北京大学出版社2013年第二版；另包含于《法学讲演录》，支振峰译，江西教育出版社2014年版。

就分析法学（analytical jurisprudence）而言，奥斯丁的理论具有十分重要的地位。他的理论，概括来说，基本体现在《法理学的范围》中。这一文本，是纲领性的旗帜性的文献。因为，正是这一文本的出现，导引了影响深远的分析法学的浮出。[①]即使在今日，我们也依然需要重新关注、阅读、解释和回应这一文本

① 现在，学界通常认为，分析法学的原创意识可以在边沁（Jeremy Bentham）的著述，尤其是1970年出版的边沁的《法学概论》(Jeremy Bentham, *Of Law in General*, ed. Herbert Hart, London : The Athlone Press, 1970）中发现，甚至在霍布斯（Thomas Hobbes）的著述如《利维坦》(参见［英］托马斯·霍布斯:《利维坦》，黎思复、黎廷弼译，杨昌裕校，商务印书馆1985年版）中，也可以找到类似的原创意识。但是，人们依然不能不承认，奥斯丁的《法理学的范围》是事实上的使分析法学得以在法学界发动推进的先导性文本。毕竟，众多后来的崇尚分析法学的学者，首先是从《法理学的范围》这一原典中获得思想的。

所提出的观念和问题。[①]

一

19世纪，是实证主义（positivism）发展的重要阶段。实证主义的基本理想，在于观察、解释、分析和廓清外在的“实际存在”。在法学中，“较为自然地”观察“一个法律的存在”以及“关于法律的学科的存在”，并且，从中建立“客观的”学术叙事，在19世纪中叶以及下半叶，逐渐成为法学实证主义（legal positivism）的一个基本观念。[②] 在这样的历史语境中，奥斯丁为自己确立了一项任务——阐明“有关实际存在的由人制定的法

---

① 在西方，近来也有学者开始重新研读评价奥斯丁的著述。例如，英国学者W. L. Morison专门撰写了《约翰·奥斯丁》（W. L. Morison, *John Austin*, London：Edward Arnold, 1982）。在《约翰·奥斯丁》一书中，作者试图反驳其他学者对奥斯丁的批评。英国学者Wilfrid Rumble重新编辑了《法理学的范围》（John Austin, *The Province of Jurisprudence Determined*, ed. Wilfrid Rumble Cambridge：Cambridge University Press, 1995），并撰写了序言，在序言中为奥斯丁的理论进行了辩护。

② 参见Hubert Rottleuthner, “Legal Theory and Social Science”, in *The Theory of Legal Science*, ed. Aleksander Peczenik, Lars Lindahl, and Bert van Roermund, Dordrecht：D. Reidel Publishing Company, 1984, p.525。另可参见Dennis Lloyd, *Idea of Law*, New York：Viking Penguin Inc., 1981, pp.105—108。还可参见Edgar Bodenheimer, *Jurisprudence*, Cambridge：Harvard University Press, 1974, p.93。

(positive law) 的科学”的范围，而且，经过这样的努力，奥斯丁希望在法学实证主义的思潮中，开启分析法学的学术风格。①

作为观察对象的“法律”的呈现，以及相应的“法”一词的使用，有着悠久的历史发展谱系。虽然各类语言对“法”一词(只是我们现在言称“法”罢了) 所表示的对象具有不同的称谓，但是人们相信，这一对象是有着自己固定的内在要素的。于是，伴随本质主义的信念，同时，基于自己的“相信”，“法”一词的使用者们从不同的角度，在论述法律现象的时候都在陈说“法”的性质 (nature) 以及意义 (meaning)。这是他们的定性工作。显然，当深入追踪这些历史发展谱系的内容时，在某种意义上，人们似乎只好面对异质众说的多元局面。但是，奥斯丁设想，作为一门科学 (science) 的学科，尤其是严肃的“政治社会治理科学”的学科，容忍“语词的诸侯割据”本身就是不能容忍的。因此，清理的任务，必须列入议事日程。为使法学实证主义的分

---

① 分析法学的学术观念，大体上包括两个方面的内容：其一，确定一个可以观察到的由人制定的法，阐述这种法的基本特质；其二，在第一点内容的基础上，对次一级的诸项法律概念进行分析，如法律权利、法律义务、法律责任等，而且对法律原则和法律规则以及它们的逻辑关系进行分析。参见 David Walker，*The Oxford Companion to Law*，Oxford：Clarendon Press，1980，p.54。

析法学稳健推进，必须实现“语词的帝国统一”。[①]

被称作“法”的对象，究竟具有怎样的基本特质？这是前现代以及现代法学学科的主要问题。法学学科的起点，在前现代以及“现代性”的学者看来，是一个不能回避的思考对象。在法学的语境中，起点就是阐述“法”的特征，起点就是确定“法”的概念。说明了基本对象的特征和概念，阐述法律科学的范围的任务的完成便指日可待。

奥斯丁提醒我们注意，准确意义的“法”，是一种“命令”（command），[②] 而且是一种普遍性质的（general）“命令”。[③]“命令”，是一类“要求”（wish），是一类“愿望”（desire），[④] 其中包

① John Austin，*Lectures on Jurisprudence or the Philosophy of Positive Law*，5th ed.，revised and edited by Robert Campbell，London：John Murray，1885，Vol. I，pp.85—86.

② John Austin，*Lectures on Jurisprudence or the Philosophy of Positive Law*，5th ed.，revised and edited by Robert Campbell，London：John Murray，1885，Vol. I，pp.79，89，91，330.

③ John Austin，*Lectures on Jurisprudence or the Philosophy of Positive Law*，5th ed.，revised and edited by Robert Campbell，London：John Murray，1885，Vol. I，pp.92—93，96.

④ John Austin，*Lectures on Jurisprudence or the Philosophy of Positive Law*，5th ed.，revised and edited by Robert Campbell，London：John Murray，1885，Vol. I，p.89.

含了“义务”和“制裁”这两项基本的要素。[①] 从另外的角度来看，“命令”“义务”和“制裁”是一个问题的三个方面。[②] 就法律而言，知道了“命令”，就知道了“义务”，也就知道了“制裁”，反之亦然。[③] 当然，“命令”的出现，其前提是存在一个制定者，而且存在一个“接受者”。[④] 在奥斯丁的设想中，这里的制定者基本上是政治意义上的优势者（superior），[⑤] 这里的“接受者”是政治

---

① John Austin, *Lectures on Jurisprudence or the Philosophy of Positive Law*, 5th ed., revised and edited by Robert Campbell, London : John Murray, 1885, Vol. I, pp.91, 178.

② John Austin, *Lectures on Jurisprudence or the Philosophy of Positive Law*, 5th ed., revised and edited by Robert Campbell, London : John Murray, 1885, Vol. I, pp.91—93.

③ John Austin, *Lectures on Jurisprudence or the Philosophy of Positive Law*, 5th ed., revised and edited by Robert Campbell, London : John Murray, 1885, Vol. I, pp.96, 97.

④ John Austin, *Lectures on Jurisprudence or the Philosophy of Positive Law*, 5th ed., revised and edited by Robert Campbell, London : John Murray, 1885, Vol. I, p.89.

⑤ John Austin, *Lectures on Jurisprudence or the Philosophy of Positive Law*, 5th ed., revised and edited by Robert Campbell, London : John Murray, 1885, Vol. I, pp.178—179. 这里之所以说“基本上”，是因为奥斯丁提过命令的制定者可以是政治上的绝对优势者，也可以是政治上的次等优势者，还可以是享有法律权利的个人。见 John Austin, *Lectures on Jurisprudence or the Philosophy of Positive Law*, 5th ed., revised and edited by Robert Campbell, London : John Murray, 1885, Vol. I, p.178。

意义上的劣势者（inferior）。[1]因为实际力量的对比差异，“接受者”将不得不接受制定者的“制定”。这就是法律上的“强制”（might or enforcement）。[2]正是在这个意义上，人们只能认为，表征了“义务制裁”的“强制”，是法律制度乃至法学学科的关键词。

我们可以理解，知道了学科的关键词，再阐述学科的范围应该是件容易的工作。但是，问题的另一方面，要求我们解决另一个困惑：为什么存在着其他种类的“法”一词的使用，这些使用，有时没有国家优势者意义的“强制”的含义，而又毫不客气地出现在法学的学科中，如“自然法”（natural law）、“万民法”（jus gentium）、“国际法”的使用等？为什么这些词语不能成为关键词？

面对复杂多样的“法”一词的使用，奥斯丁以为，正是基于我们考察的对象的某些类似（resemblance），正是基于语词的类比式修辞活动（analogy），人们设想了一种原来不属正宗“法律

① John Austin, *Lectures on Jurisprudence or the Philosophy of Positive Law*, 5th ed., revised and edited by Robert Campbell, London: John Murray, 1885, Vol. I, pp.178—179.

② John Austin, *Lectures on Jurisprudence or the Philosophy of Positive Law*, 5th ed., revised and edited by Robert Campbell, London: John Murray, 1885, Vol. I, p.96.

家族”的对象是一名“法律家族”的成员。[1] 事实上，如果仔细剥离“类似”的谱系，以及类比式修辞活动的谱系，并且，将其中的隐秘予以揭发，那么，真正的“法”与并非准确意义的“法”，其间的界限也就自然凸显了，人们的“误读”，也就自动消失了。[2] 于是，我们当然可以认为，因“类似”而产生的联想，以及类比修辞的使用，其轻度病症就是某种意义的语词误用，其严重疾患就是没有意义的语词比喻（metaphor）。它们是法理学内容混乱不堪的根源。[3] 这样，说明法理学范围的任务，从侧面来说，便是

---

① John Austin, *Lectures on Jurisprudence or the Philosophy of Positive Law*, 5th ed., revised and edited by Robert Campbell, London: John Murray, 1885, Vol. I, pp.80, 85—86, 167, 219. 奥斯丁用来说明问题的具体例子，可以参见 John Austin, *Lectures on Jurisprudence or the Philosophy of Positive Law*, 5th ed., revised and edited by Robert Campbell, London: John Murray, 1885, Vol. I, p.193。奥斯丁说明了某些类比式修辞活动产生的缘由，参见 John Austin, *Lectures on Jurisprudence or the Philosophy of Positive Law*, 5th ed., revised and edited by Robert Campbell, London: John Murray, 1885, Vol. I, pp.206—208。

② John Austin, *Lectures on Jurisprudence or the Philosophy of Positive Law*, 5th ed., revised and edited by Robert Campbell, London: John Murray, 1885, Vol. I, p.86.

③ John Austin, *Lectures on Jurisprudence or the Philosophy of Positive Law*, 5th ed., revised and edited by Robert Campbell, London: John Murray, 1885, Vol. I, pp.211—212.

清理这门学科中语言修辞活动滋养的“病灶”。[1]在奥斯丁的《法理学的范围》这一文本中，从这个角度来说，我们便发现了“并非准确意义的”(improper)法的清单：自然法、万民法、国际法、礼仪法、尊严法、仅仅具有解释作用的法、没有规定责任的法、宪法……针对清单中的对象，奥斯丁希望使用的动词是“打扫”“剔除”。

奥斯丁的学术策略，是在阐述法学修辞活动的语言问题的同时，提出真正意义的“法”定义，并且，以此为基础，说明法理学的范围，使这门学科成为纯粹的具有分析品格的“实证科学”(孔德用语)。[2]仿佛，这门学科从未成为过一门合格的学科。

“法”一词的使用的多样，其本身已经说明使用者的观念的多样。因此，我们可以发现，奥斯丁在《法理学的范围》这一文本中严厉批判了与己对立的观念。只要是具有“他者特征”的叙事，在奥斯丁看来，就是必须实施征讨的叙事。奥斯丁批判了布莱克

---

① John Austin, *Lectures on Jurisprudence or the Philosophy of Positive Law*, 5th ed., revised and edited by Robert Campbell, London : John Murray, 1885, Vol. I, pp.168—169.

② John Austin, *Lectures on Jurisprudence or the Philosophy of Positive Law*, 5th ed., revised and edited by Robert Campbell, London : John Murray, 1885, Vol. I, p.172, 332—333.

斯通的思想、[1]格劳修斯的思想，[2]甚至批判了霍布斯的思想，[3]以及边沁的思想。[4]这意味着，在奥斯丁的意识深处，只要与己观念相异的观念，即使是微乎其微的相异，都是应予以摧毁的观念，否则，人们无法彻底地将法学尤其是法理学，从抽象苍白的迷雾中解放出来。这是法学意识形态的“霸权”行动（这里不含贬义）。

二

休谟提出了一个命题：应该区分事实判断和价值判断。[5]在法学的语境中，这样一个命题，经由奥斯丁（当然包括边沁）的发

---

① John Austin, *Lectures on Jurisprudence or the Philosophy of Positive Law*, 5th ed., revised and edited by Robert Campbell, London : John Murray, 1885, Vol. I, pp.210—211, 214—216.

② John Austin, *Lectures on Jurisprudence or the Philosophy of Positive Law*, 5th ed., revised and edited by Robert Campbell, London : John Murray, 1885, Vol. I, pp.216—217.

③ John Austin, *Lectures on Jurisprudence or the Philosophy of Positive Law*, 5th ed., revised and edited by Robert Campbell, London : John Murray, 1885, Vol. I, p.279 中的注释。

④ John Austin, *Lectures on Jurisprudence or the Philosophy of Positive Law*, 5th ed., revised and edited by Robert Campbell, London : John Murray, 1885, Vol. I, pp.90—91, 212—213, 218—219.

⑤ ［英］大卫·休谟：《人性论》，关文运译，郑之骧校，商务印书馆1983年版。

挥，转变为了这样一种陈述：应该区分“实际存在的法”和“应当存在的法”。[①]奥斯丁相信，“法”一词的误用，在另外的方面来看，就是将这种观念的“在场”转变为“缺席”。如果我们记住了“实际存在的法”和“应当存在的法”的区别，那么，我们就会实证地、客观地、中立地观察社会中的法律现象，就会知道法律科学的特质，以及其与伦理科学之间的分界，“法理学的范围”这一问题，从而部分地迎刃而解。[②]

“应当存在的法”的提出，是一种“标准”的提示。换言之，提出“应当如何”，是在表达一桩事务应该符合一个“标准”的意思。[③]如果我们认为“标准”是不应该存在的，那么，我们是在蔑

---

① 奥斯丁说：“法的存在是一个问题。法的优劣，则是另一个问题。”（John Austin，*Lectures on Jurisprudence or the Philosophy of Positive Law*，5th ed.，revised and edited by Robert Campbell，London：John Murray，1885，Vol. I，p.214.）

② John Austin，*Lectures on Jurisprudence or the Philosophy of Positive Law*，5th ed.，revised and edited by Robert Campbell，London：John Murray，1885，Vol. I，p.85.

③ 奥斯丁也说过：“当我们讨论人法（human law）的好坏，或者，讨论人法值得赞扬或应该谴责的时候，当我们讨论人法应该如何以及不应如何，或者，讨论人法必须如何以及不能如何的时候，我们的意思（除非我们直接表明我们的喜恶），表达了这样一个观念：人法是与某种东西一致的，或者，人法是与某种东西背道而驰的，而这种东西，我们已经默默地将其视为一个标准，或者尺度。”（John Austin，*Lectures on Jurisprudence or the Philosophy of Positive Law*，5th ed.，revised and edited by Robert Campbell，London：John Murray，1885，Vol. I，pp.173—174.）

视“标准”，我们是在赞颂“真实存在”，即使“真实存在”本身是为我们所厌恶的，而且，经由这里，我们的思想观念就会出现严重的“立场”问题。奥斯丁发现了这里的“立场”难题。他清晰地意识到，从一个角度看去，划分“实际如何”与“应当如何”，在逻辑上可能（并不是必然）导致保守消极的政治立场，从而导致法律改革的困难。为了解决该难题，奥斯丁认为，我们应该树立“标准”，这一标准应该是功利的原则，亦即实实在在的善乐（happiness or good），而不是所谓的、肤浅的、抽象的、晦涩的、最易引发语词战争的“权利”“公平”“正义”之类的伦理标签，或者粉饰。依据功利的原则，我们可以而且应该进行法律的改革。功利原则可以诊断社会的疾病，同时，可以诊断我们对社会进行观察而产生的思考疾病。[①] 在这里，人们当然可以认为，奥斯丁的解决方式，在推论上并不是顺畅的，并不是天衣无缝的，它也不可能是顺畅、天衣无缝的。像他所反对的他者一样，他也依然是在提示“应当如何”（亦即将功利原则作为标准）。然而，我们应该看出，从常识的感受方面来说，奥斯丁的观念或许是成立的。

① John Austin, *Lectures on Jurisprudence or the Philosophy of Positive Law*, 5th ed., revised and edited by Robert Campbell, London : John Murray, 1885, Vol. I, pp.119—120, 122.

因为，他在讲述法律实证主义的故事，他在说明作为实证科学的法学如何才能扎实稳当，在说明只有在法学的叙事场景中清除具有误导作用的所谓“应当存在的法”，法律科学的存在才能有根基。而且，他还向我们提出了这样的有力反问：为什么只有法律之外的东西才能成为“公平正义”的标准，而法律本身不能成为？为什么只有他者，才能成为法律所应遵循的标准，才能成为判断“法律是否公平正义”的标准，而法律却不能成为他者所应遵循的标准，成为判断“他者是否公平正义”的标准，除了功利的原则？[①] 这是对“法学应然话语（discourse）”的要害的严厉瓦解（即使我认为这同样是对“功利标准理论”的严厉瓦解）。所以，恰恰是在这个意义上，我们必须意识到，进入政治伦理的叙事战场不是奥斯丁建构法理学的目的。他的希望，在于使“法”一词的使用没有杂质，清晰纯净。

在法理学的范围中剔除“应当存在的法”，是法律实证主义的重要命题。这一命题是以这样一个观念作为前提的：如果试图将法理学变成一种科学，也即自然科学意义上的科学，我们只

---

① John Austin，*Lectures on Jurisprudence or the Philosophy of Positive Law*，5th ed.，revised and edited by Robert Campbell，London：John Murray，1885，Vol. I，p.218.

有观察人们在现实中通常是如何使用“法”一词的，[①] 以及观察该词指称的对象是怎样存在的。这是经久不衰的实证理念。奥斯丁在自己的推论中，很大程度上将这一前提自觉地呈现在读者的视野中。奥斯丁试图表明，既然人们可以通过观察、考证领会语言的使用，可以通过语言的使用知道语词对象的存在，那么，有何理由拒绝实证的法学科学的建立？当我们可以没有“价值判断”这一障碍，轻松地通过语言的日常使用去建立经验性的法律科学时，有何理由不做出这样一种建设性的努力？面对这样的问题，我们可以感受到，在19世纪的强有力的实证话语激动的语境中，反抗奥斯丁的叙事纲领，自然是容易徒劳无益的。[②]

---

① ［奥］凯尔森:《法与国家的一般理论》，沈宗灵译，中国大百科全书出版社1996年版，第4页。

② 现在，学界通常认为，在法学中运用语言的分析方法，大体始于20世纪英国学者Herbert Hart。其实，在奥斯丁的《法理学的范围》中，我们可以看到许多有关语言运用的讨论，看到奥斯丁如何通过这些讨论去分析法理学的问题。在某种意义上，我们可以认为，奥斯丁的论证逻辑起点恰恰在于“语言的正常使用”。通过提示“语言的正常使用”，奥斯丁论证了何种法律思想是正确的，何种法律思想是错误的。因此，Hart实际上经过20世纪语言分析哲学的武装，推进了奥斯丁的语言分析范式，而不是开创了法学中的语言分析范式。有关Hart的著述，可以参见Herbert Hart，*The concept of Law*，Oxford：Clarendon Press，1961，1994。

20世纪20年代至30年代，一场重要的法学运动——美国现实主义法学运动（Legal Realism Movement）——出现在法学历史的谱系中。[1]这一运动的核心命题，在于"法官是法律的制定者"。[2]这一命题至今仍是人们难以回应的一个法学"猜想"。我们可以理解，其逻辑出发点是这样的：规则的真实意义，只能在法官的判决中予以领悟，因为，作为现实中的社会成员，我们不能避开法官的最后处置。相反，一般性的规则，亦即人们误称为"法律规则"的规则，是没有这种现实力量的。奥斯丁早已揭露了这里的关键问题。在他的观念中，规则之所以具有意义，仅仅在于规则是由政治优势者来强制的，而强制的主体代码，便是法院一类的"受托"执行者。"法"正是由此获得了真实的意义。广而言之，"如果没有人去建立政府，没有人让政府拥有实际的权力，人类的法律将是乌有之物，是不值一提的，或者是废纸一堆，是形

① 刘星：《法律是什么——20世纪英美法理学批判阅读》，中国政法大学出版社1998年版，第56页以下。

② John C. Gray, *The Nature and Sources of the Law*, New York: The Macmillan Company, 1921, p.172; Jerome Frank, *Law and Modern Mind*, Garden City: Doubleday & Co., 1963, pp.50—51; Richard Taylor, "Law and Morality", in *43 New York University Law Review* (*1968*), p.627; Karl Llewellyn, *The Bramble Bush*, New York: Oceana Publication, 1981, p.3.

同虚设的"。[①] 从另外的角度来看，如果强调所谓的上帝意志，高举"公平正义"的大旗，人们是无法在"法庭竞技场"中赢得法律争斗的胜利的。"从创世纪开始至今，在一个法院里，没有听说过以上帝法作为辩护理由或请求理由，可以获得成功的。"[②] 而上帝意志、公平正义一类的"标准"，就是"应当存在的法"。如果没有"剔除"的意识，它们就会在法律制度的运作中混淆视听，[③] 尤其当人们对上帝的产生出现不同的理解，对"公平正义"产生不同的观念时，混淆视听就成了制度崩溃的意识形态根源。[④] 法理学的范围，在这个意义上，也就无从谈起，法理学作为一门科学也就是可望而不可即的。

---

① John Austin, *Lectures on Jurisprudence or the Philosophy of Positive Law*, 5th ed., revised and edited by Robert Campbell, London: John Murray, 1885, Vol. I, p.321.

② John Austin, *Lectures on Jurisprudence or the Philosophy of Positive Law*, 5th ed., revised and edited by Robert Campbell, London: John Murray, 1885, Vol. I, p.215.

③ John Austin, *Lectures on Jurisprudence or the Philosophy of Positive Law*, 5th ed., revised and edited by Robert Campbell, London: John Murray, 1885, Vol. I, p.218.

④ John Austin, *Lectures on Jurisprudence or the Philosophy of Positive Law*, 5th ed., revised and edited by Robert Campbell, London: John Murray, 1885, Vol. I, p.216.

三

前面简略地概述了《法理学的范围》的基本思想。事实上，围绕着基本思想，奥斯丁在这一文本中循序渐进地展开了细致论证。其中涉及许多术语、观点、理论的分析，内容丰富、辩驳缜密。这些分析，值得读者仔细地整理和研讨。例如，奥斯丁在提出“法律是主权者的命令”的同时，细致地分析了“主权者”“独立政治社会”的概念，以及它们的特征和种类，并且举出了具体的实际例子予以说明。[①]这些对术语、观点和理论的分析，相互之间大体来说都有着密切的逻辑关系。

尽管《法理学的范围》的影响是深远的，但是，后来的大量学者对其提出了各方面的批评。概括来讲，批评主要是围绕如下几个层面展开的。

第一，奥斯丁式的“法”的定义，似乎只能说明部分的法律现象，尤其是义务性的法律现象，而无法说明授权性质的法律现象。在奥斯丁的定义中，法是依赖“制裁”这一概念的，没有“制

---

① John Austin, *Lectures on Jurisprudence or the Philosophy of Positive Law*, 5th ed., revised and edited by Robert Campbell, London: John Murray, 1885, Vol. I, pp.91, 220 以下。

裁”的存在，法律则无从谈起。这对于某些义务性的法律规定而言，是十分准确的。但是，授权性质的“法”，是授予“权力”或“权利”的。授予意味着“许可”。当不实施权力或权利的时候，人们很难发现，“制裁”可以作为威胁的要素出现。这里，人们是难以发现“强迫规定”的。①

奥斯丁曾经讨论过这个问题。他认为，授权性质的法律，意味着“相对义务”的法律的存在。换言之，每一项权力或权利都对应了一项义务。要使权力和权利得以真实地存在，必须对相应的义务做出规定，不论这种规定是明确的，还是隐含的。其实，即使没有作出明确的义务规定，授权性质的法律，依然是在提示他者负有不得阻碍权力和侵犯权利的义务。②在这个意义上，奥斯丁是想说明，授权性质的法律依然是以“制裁”作为后盾的，尽管，这种“制裁”是以间接方式呈现的。③

---

① Herbert Hart, *The concept of Law*, Oxford : Clarendon Press, 1961, p.27.

② John Austin, *Lectures on Jurisprudence or the Philosophy of Positive Law*, 5th ed., revised and edited by Robert Campbell, London : John Murray, 1885, Vol. I, pp.100, 196.

③ John Austin, *Lectures on Jurisprudence or the Philosophy of Positive Law*, 5th ed., revised and edited by Robert Campbell, London : John Murray, 1885, Vol. I, p.196.

然而，我们可以看出，奥斯丁的论证是有问题的。如果人们可以认为授权性质的法律，是以间接方式呈现“强制”的，从而依然是以“制裁”作为后盾的，那么，人们同样可以认为义务性质的法律，是以间接方式呈现“非强制性”的，而不是以“制裁”为后盾的。这样，当奥斯丁认为，义务性质的法律是以直接方式，授权性质的法律是以间接方式呈现制裁的，那么，人们自然可以认为，授权性质的法律是以直接方式，义务性质的法律是以间接方式没有呈现制裁的内容的。进一步来说，当奥斯丁认为全部法律是强制性的时候，人们可以认为，全部法律是没有强制性的。这里，对立相反的推论都是成立的。[①]

第二，在一些批评者看来，奥斯丁的理论，似乎不能说明主权者的“要求”和强暴者的“要求”的区别。奥斯丁理论的一个关键，是“命令”的逼迫。“命令”的内在要素之一就是“制裁”的威吓。在这里，我们可以发现，强暴者的威吓，如抢劫的威吓，也是一种逼迫。虽然，奥斯丁明确地提出，法律式的命令具有普遍的一般性，但是，我们依然可以觉察这样一种“普遍性”是不能起到区分作用的。强暴者的威吓，也是可以针对“许多”人

① 刘星：《法律是什么——20世纪英美法理学批判阅读》，中国政法大学出版社1998年版，第28—29页。

的，并且也是可以以普遍的方式表现的。[①] 奥斯丁没有反省这里的理论困难。

第三，提出一个“法”的定义，实际上等于提出一个划分“法律现象”与“非法律现象”的标准（master rule）。其实，奥斯丁为自己提出的任务之一，就是在“准确意义上的法”和“并非准确意义上的法”之间，划出界线。[②] 作为一个学科知识建构的目的，立出标准、划出界线，是为了提供一个社会接受的“尺子理论”，从而希望人们依据“尺子”剥离自己视域中的不同现象。但是，在法律的语境中，人们是否有可能接受一个统一的标准的“尺子”？有的学者已经指出，不论在具体的意义上，还是在普遍的意义上，我们都会对“法律是什么”提出不同的意见，我们会发生“法律争议”。[③] “法律争议”不仅会出现在疑难纠纷中，而且会潜在地隐藏在简易纠纷中。就所谓的简易纠纷而言，这是因为，从一个特定的

---

① ［奥］凯尔森：《法与国家的一般理论》，沈宗灵译，中国大百科全书出版社 1996 年版，第 33 页。

② John Austin，*Lectures on Jurisprudence or the Philosophy of Positive Law*，5th ed.，revised and edited by Robert Campbell，London：John Murray，1885，Vol. I，p.80.

③ Ronald Dworkin，*Law's Empire*，Cambridge：Harvard University Press，1986，p.5.

角度来看，随着语境的变化，随着人们观念的变化，随着利益纷争的激化，没有出现过争议的法律问题亦即简易纠纷都有可能成为“争议”。而当“争议”出现的时候，人们势必会站在不同的立场，提出自己的“法律言说”，主张自己的“法律是什么”的观念。在这一点上，“尺子理论”的设想，是难以成功的，毕竟这是难以为人所普遍接受的。“法律”作为词语观念，在我们的意识中，终究是以潜藏的具有不同甚至对立性质的价值判断、利益需求和知识“前见”为基础的。[①] 因此，建立奥斯丁式的普遍性的“法律科学”的愿望，只能是个值得同情但不值得赞同的愿望。

自然，批评性的意见终归是一种意见。随着思考范式的变迁，我们会对奥斯丁的法理学观念产生新的解读和意见。在这个意义上，我以为，《法理学的范围》依然为我们提供了一个优秀的“分析”范本。从中，我们应该体会“分析法学”的方法起点，应该欣赏步步衔接的逻辑推论，应该品味渐次深入的思考开掘。即使我们可以提出许多诘难，我们依然必须承认，这一文本，是后来法理学得以开辟新视域、激发新话语的重要文本。

① Ronald Dworkin, *Law's Empire*, Cambridge : Harvard University Press, 1986, pp.90, 413.

CHAPTER 8

追踪法律的效力

——读凯尔森的《法与国家的一般理论》*

追问的结果，必将显示法律的效力不是来自“统治者的意志”，尤其是心理学上的威吓式统治意志，而是来自另外的规范世界……

---

* 原载《中国图书商报·书评周刊》1999 年 10 月 5 日，第 6 版。[奥] 凯尔森:《法与国家的一般理论》，沈宗灵译，中国大百科全书出版社 1996 年版。

在20世纪中叶的西方世界，凯尔森的《法与国家的一般理论》（以下简称《理论》）是经典的法理学文本。临近20世纪末，依然如此。《理论》一书想要解决的问题之一，便是法律的效力。在《理论》一书出版之际，法学理论盛行“意志说”。“意志说”主张法律体现的是某些人的意志，因此法律的效力便来自人的意志。

自然，人们容易以为，法律是被制定出来的。既然是被制定出来的，那么当然体现了制定者的意志。所以，意志决定了法律的约束力或曰效力。凯尔森断定，正是因为法律看上去和遗嘱一样是由人来制定的，所以，这些东西的效力都被看作来自制定者的意志。而且，即使发觉遗嘱的效力还要依赖法律的规定（比如，法律规定何种遗嘱有效），人们仍不会怀疑法律的效力来自“意志”。可是，如果认为法律的效力来自制定者心理学上的意志，那么，制定者死后或不再表示意志时，效力也就不存在了。这是一个“意志说”难以解决的问题。对此，凯尔森进而指出，人们认为法律的效力来自主权制定者的意志，就像误以为遗嘱的效力来自遗嘱者的意志一样，是错误的。其实，正像遗嘱的真正效力来自旁边的“法律”，法律规范的效力也来自旁边的另外规范。

有人可能会以为，凯尔森兴许忘了“默认”（或“认可”）这个词。换言之，之所以制定者死后其法律继续有效，是因为当国家的一些权力机构如法院和其他政府部门再适用它们时，后来的法律制定者点头默认了。而且，就在前任制定者依然健在、另有心思时，许多人们称为“法律制度”的东西仿佛以习惯的方式存在于社会中，也是被“默认”的缘故。如此，仍然能够认为，法律的效力离不开“意志”，哪怕是心理学意义上的意志。

但是，凯尔森讲，“默认”表达的观念仍然具有似是而非或者模糊不清的地方。比如，倘若一名法官对一位新任国王说，他将依照100多年前的先王制定的规则来解决一个法律纠纷，新任国王不置可否，当这名法官就那么处理了，国王还是一言不发，那么，这时候的法律处理是否表现了国王的主权者意志？如果认为是，这类“默认”就会和“意志说”的基本意思不太协调。因为，“意志说”总是暗含了一个明确性的概念：要表达意志，就要给他人一个明确的信息。国王一言不发，自然没有给法官一个明白的说法。在这种情况下，不论法官还是旁人，恐怕都不会知道国王到底是什么意思。反过来，如果认为不是，那么那名法官的处理便应认为不是“法律上”的处理，可这与事实并不相符。在实践中，像上面法官的处理方式当然是存在的，而且，人们并不会认为这类处理不是法律上的处理。这样，“意志说”还是顾此失彼。

有趣的是，凯尔森的理路并未在此打住。他提醒我们注意上面说的“旁边”的法律规范的效力来自何方。比如，就“遗嘱”而言，我们可以说：遗嘱是有效的，因为《遗嘱法》规定有效；而《遗嘱法》有效，是因为它是立法者制定的；立法者制定行为有效，是因为《宪法》有此规定；《宪法》规定有效，是因为公民举手通过；公民举手通过有效，是因为大家接受了一个更为基本的规范；更为基本的规范有效，是因为……这是一个完全成立并且妙不可言的追问链条。反正，追问的结果，必将显示法律的效力不是来自“统治者的意志”，尤其是心理学上的威吓式统治意志，而是来自另外的规范世界……

显然，《理论》一书的理路十分重要。它提醒人们注意，“意志说”在法律效力上是成问题的，法理学需要新的思考。中国法理学大体也像“意志说”一样，认为法律效力来自统治阶层或者国家的意志，如此，中国法理学也将面临《理论》一书提出的有力挑战。

CHAPTER 9

怎样发现社会中的法律

——读《法律的概念》*

《法律的概念》弱化了一个旧语境，使后来的阅读者对旧有的法理学话语有了思考和反省；它也开启了一个新语境，使后来的阅读者对新的法理学话语有了期待和展望。

---

* 原载郑永流主编:《法哲学与法社会学论丛》，中国政法大学出版社 1998 年版。

英国学者哈特（Herbert Hart）的《法律的概念》,[①] 被学人视为法理学经典中的经典，这已是不争的事实。在英美乃至整个西方，这一文本又成为分析实证品格的法理学或转向或变革或发展的承上启下的叙事作品。它弱化了一个旧语境，开启了一个新语境。在新的语境中，分析实证法理学具有了新的叙事策略和新的话语诉求。在中国读者的知识状态中，理解这些则需要一种语境融合中的新的解读。

---

① Herbert Hart, *The Concept of Law*, Oxford : Clarendon Press, 1961 ; *The Concept of Law*, 2nd ed., Oxford : Clarendon Press, 1994 ; *The Concept of Law*, 3rd ed., Oxford : Clarendon Press, 2012. 中文本：张文显、郑成良、杜景义、宋金娜译，中国大百科全书出版社 1996 年版；许家馨、李冠宜译，台湾尚周出版社 2000 年版。1994 年和 2012 年英文版，均有后人编辑的“附文”，外文学界对此“附文”是否表达了哈特的原意，存不同意见。

一

"本书的目的不是提供一个法律的定义，而是提供一个国内法律制度独特结构的更佳分析和一个作为社会现象的法律、强制和道德之间的类似与区别的更佳理解，以此促进法律理论的发展。"[①] 这是《法律的概念》中提纲挈领的一段叙述。

研究法理学，首要的问题是研究法律的性质。研究法律的性质时常被视为寻找和界说法律的定义。不奇怪，在中国的法律知识状态中，如果一个文本被称为《法律的概念》而其中不存在一个法律的定义，那么，其何以称为《……的概念》？何以为读者提供一个区别法律和其他社会现象的手段工具？更遑论法律理论的发展。中国的法律话语一般会有这样一个暗示：各种分析性质的法理学研究的起点应指向对法律定义的界说。《阿奎那政治著作选》中说：作为一个定义，法律"不外乎是对于种种有关公共幸福的事项的合理安排，由任何负有管理社会之责的人予以公布"。[②]

---

① Herbert Hart, *The Concept of Law*, Oxford: Clarendon Press, 1961, p.17.

② ［意］托马斯·阿奎那：《阿奎那政治著作选》，马清槐译，商务印书馆1982年版，第106页。

边沁的《法律通论》说："可以将法律界定为一国主权者设想或采用的一系列意志宣告，其涉及某个人或某些人在一定情形下服从的行为。"[①] 在中国的语境中，这些论说通常被视为对一种法律概念的明确阐述。虽然其内容可能不被同意，但其形式作为法律定义的一种方式则是毋庸置疑的。法律的定义，被看作法律论说被清晰理解的必要前提。

于是，我们的叙事方式和《法律的概念》的叙事方式之间的一个语境差异，在于"定义的看法"不同。

中国语境中关于法律定义的设想是建立一个法律的种差概念，即首先寻找一个族系或类（如行为规则、规范等），然后再寻找族系或类成员（如法律规则、道德规则、宗教规则）之间的差异，最后用名词（即族系或类）之前不断增设形容词（差异）的叙事方式建构法律界说的模式。有文本便以为："法是由国家制定或认可并由国家强制力保证其实施的，反映统治阶级（即掌握国家政权的阶级）意志的规范系统……"[②] "法是由一定物质生

① Jeremy Bentham, *Of Laws in General*, ed. H. L. A. Hart, London : The Athlone Press, 1970, p.1.

② 孙国华主编:《法理学教程》，中国人民大学出版社 1994 年版，第 79—80 页。

活条件决定的，由在一定地域内的公共权力机关以强制力保证其施行，以求确定主体的权利和义务、保护和发展特定社会关系和社会秩序的行为规范的总和。”①

但是《法律的概念》认为：这种方式的“成功时常依赖尚未满足的条件，这些条件之中的首要条件是应当存在一个更大的事物族系或类，其特征为我们所了解，其定义在界定他者时已被设定。显然，如果对事物族系或类只有含糊或混乱的观念，一个告诉我们某种事物属于该族系成员的定义便无法帮助我们。就法律而言，正是这一要求决定了这种定义形式没有用处，因为，在此不存在人们熟悉且容易理解的法律是其成员的一般范畴。在法律定义中，前述定义方式使用的最为明显的一般范畴是行为规则这一一般事物族系。但正如我们所看到的，其本身像法律的概念本身一样令人困惑”。②《法律的概念》提醒人们注意，如果对于一个法律的类概念（如行为规则）没有清楚的认识，当然无法清楚地了解法律的定义。依照前述的定义模式，对于一个概念是无法清晰地把握的，因为无法最终把握可以不断延续下去的类概念。这就如同认

① 倪正茂：《法哲学经纬》，上海社会科学院出版社 1996 年版，第 766 页。另见陶广峰主编：《法理学》，兰州大学出版社 1996 年版，第 22 页。

② Herbert Hart，*The Concept of Law*，Oxford：Clarendon Press，1961，p.15.

识大象一样，如果想知其是什么，便需知道作为其类概念的“动物”的明确含义；而要理解“动物”是什么，便需知道其类概念“生物”的明确含义；而要理解“生物”是什么，就需进一步理解“物质”“存在”……

不仅如此，《法律的概念》还提出了另一个反对一般法律定义模式的理由：这种简单定义方式依赖一种默认的假设，即所有被定义为某物的事例，具有定义表示的共同特征，“但是甚至在较为一般的场合也可以发现边缘情形的存在。这表明一般术语所指称的若干事例具有共同特征的假设或许是个教条。术语的通常用法甚至专门用法时常是十分‘开放的’，因为这些用法并未将术语的外延限制在那些只有某些正常的并存的特征呈现出来的事例……对国际法和某些形式的原始法来说，情况就是如此”。[1]这里的意思是说，术语的用法具有模糊边缘的区域，在这一区域中既不能肯定也不能排斥定义对某些对象的有效性。

根据这种“定义的看法”，《法律的概念》放逐了法律的定义。这是告诉读者，推进法律理解的首要契机便是从“法律定义”的困扰与争论中摆脱出来。

---

① Herbert Hart, *The Concept of Law*, Oxford: Clarendon Press, 1961, p.15.

在《法律的概念》之后的分析法理学的语境中，法律的定义成为众多法理学文本中的“缺席”。英国学者拉兹（Joseph Raz）的《法律制度的概念》[①]和《法律的权威》[②]，麦考密克（Neil MacCormick）的《法律推理与法律理论》[③]和《制度法论》[④]，美国学者戈尔丁（Martin Golding）的《法律哲学》[⑤]……作为分析法理学的重要文本，不再界说传统意义的法律定义。当然，这不是说在《法律的概念》之后才出现了法律定义的全方位放逐，而是说，在其中阐述的反对定义方式的理由里，分析品格的法律话语自认为可以获得胜过“定义方式”的“他者”叙事手段，从而以另外的角度议论法律的性质。

面对颠覆“法律定义”的话语，中国语境的论者自然可以提出一个反驳：如果这种定义方式不能获得清晰的认识，那么其他叙事手段同样不能成功，因为，任何叙事方式都是由陈述而且

---

① Joseph Raz, *The Concept of a Legal System*, Oxford: Clarendon Press, 1970.

② Joseph Raz, *The Authority of Law*, Oxford: Clarendon Press, 1979.

③ Neil MacCormick, *Legal Reasoning and Legal Theory*, Oxford: Clarendon Press, 1978.

④ Neil MacCormick, *An Institutional Theory of Law*, Dordrecht (Holland): D, Reidel Publishing Company, 1986.

⑤ Martin Golding, *Philosophy of Law*, N. J.: Prentice-Hall, 1975.

都是由语词构成的，而任何陈述或语词都将面临被其他语词解释的问题。换言之，如果对陈述或语词没有清晰的认识，对叙事方式本身便不会有清晰的认识。而对陈述和语词的澄清认识，总存在着“不断追踪”因而无法清晰的问题。比如，针对“被继承人死亡继承开始”这一陈述，要想获得清晰的认识，就需理解“继承”这一语词的含义。而要理解“继承”的含义，就要理解“获得”“接受”“转移”等语词的含义……这一过程是个“不断追踪”的过程。另外，中国语境论者还可提出一个反驳：如果一个定义不能涵盖边缘区域的外延对象，则其他叙事手段也将面临同样的问题。因为，后者在说明一些对象的同时也将不能肯定地说明其他一些具有类似性质但又具有某些差异性质的对象。就此而论，不能认为可能存在的其他叙事手段要比“法律定义”来得有效或成功。进而言之，如果其他叙事手段可以存在，“法律的定义”也有存在的理由。

上述反驳是言之有理的。而且，它又意味着在《法律的概念》提出的批评中包含着自我颠覆：获得清晰认识的目的只能导向不能获得清晰的认识。这是说，《法律的概念》的初衷是通过反省“法律的定义”方式以获得认识法律性质的清晰叙事手段，但是，任何叙事手段本身都包含“需要清晰认识”的语词，如此，在认识中只能包含并不清晰的认识。

然而，不论《法律的概念》的批评本身如何，“法律的定义”方式存在着问题终究是肯定的。上述反驳越是言之有理，越表明“法律的定义”方式存在着难以克服的“不清晰”的困难。阅读《法律的概念》，这或许是一个不能回避的结论。

二

在《法律的概念》中，放逐“法律的定义”意味着法律分析的目的在于理解法律与强制、法律与道德之间的区别与联系。[①] 而这种理解在另一方面便是梳理法律的核心要素。

就法律与强制的关系来说，法律具有外在的强制性或曰在本体论上以强制力作为后盾，是法理学话语长期以来不忍割舍的一个元叙事。在相对于道德规范、宗教规范这些“他者”时，该元叙事尤其为法理学话语确信为法律的独特要素。在中国的语境中，法理学文本一般也将其接受为法律分析的出发点之一。“法

---

① Herbert Hart, *The Concept of Law*, Oxford : Clarendon Press, 1961, p.17.《法律的概念》说，对法律性质的分析“存在着三个反复出现的问题：法律是如何区别于以威吓为后盾的命令并与之相联系的？法律义务是如何区别于道德义务并与之相联系的？规则是什么并且在什么意义上法律是规则？”（Herbert Hart, *The Concept of Law*, Oxford : Clarendon Press, 1961, p.13.）

是由国家强制力保证实施的，尽管不同性质的法，保障其实施的国家强制力的性质、目的和范围不同。任何法想要成其为法和继续是法，国家必须对违法行为实施制裁。”[①]“法律规范是有国家强制力保障的规范。这是法律规范区别于其他社会规范、技术规范的重大特点……一种规范如果没有国家强制力的保证，如果违反了这种规范可以不受国家法律的制裁，那么这种规范就不是法律规范”。[②]

可以看到，法律强制力的观念，作为一种法学意识形态而取得法律话语的“霸权”，是与19世纪以及20世纪初的分析法学的法理学文本密切联系在一起的。19世纪英国学者奥斯丁（John Austin）的《法理学的范围》说：“法律是一种责成个人或群体的命令……法律和其他命令被认为是优势者宣布的，并约束或责成劣势者”；[③]作为一种命令的法律包含三个意思：“其一是某人设想他人应该行为或不为的愿望或意欲，其二是如果后者拒绝将会出现来自前者实施的恶果，其三是意志用语言或其他标记来表达或宣

① 张文显主编：《法理学》，高等教育出版社1994年版，第34页。

② 孙国华主编：《法理学教程》，中国人民大学出版社1994年版，第50页。

③ John Austin，*The Province of Jurisprudence Determined*，ed. Wilfrid E. Rumble，New York：Cambridge University Press，1995，p.29.

布。”[①]20世纪初英国学者霍兰德（Thomas E. Holland）的《法理学的要素》说：“法律是政治主权者强制实施的有关外在行为的一般规则。”[②]这些文本加强了法律强制观念在法理学语境中的泛化。

法律强制观念与法律制定说、法律意志说、法律制裁说有着密切联系。第一，法律是由人制定的，正因为由人制定，法律才作为社会现象出现于人类秩序之中；第二，由于法律是由人制定的，它必然会体现制定者或者立法者的意愿，而这种意愿当然来自其意志；第三，制定者的意愿要想顺利实现，没有必要的最后制裁手段则是不可思议的。所以，《法理学的范围》强调：“命令、义务和制裁是分开而又相互联系的术语，每个都具有与其他两个术语相同的含义……三个都直接并间接地说明了一个问题。每个都是同一复杂含义的名称。”[③]

20世纪中叶，作为一种法律概念分析的边缘话语文本，《法律的概念》向这一法学意识形态提出了全面挑战。在《法律的概

---

① John Austin, *The Province of Jurisprudence Determined*, ed. Wilfrid Rumble Cambridge : Cambridge University Press, 1995, p.24.

② Thomas Holland, *The Elements of Jurisprudence*, 13th ed., Oxford : Clarendon Press, 1924, p.42.

③ John Austin, *The Province of Jurisprudence Determined*, ed. Wilfrid Rumble Cambridge : Cambridge University Press, 1995, p.24.

念》看来，法律强制观念的一个十分致命的弱点在于混淆了两种行为模式：有义务做某事和被迫做某事。如果一名持枪歹徒威胁某人交出钱财，后者由于别无选择将钱财交出，那么，可以认为后者是被迫交出的，但不能认为其有义务交出钱财。这表明，某人在特定情况下是否有义务做某事与其在特定情况下因受威胁而做类似的事情是无关的。于是，制裁或强制与义务之间的关系，不能通过立法者使用威胁或实际的强制力来解释。威吓只是使行为者处于被强迫而不是有义务的地位。[①]

从法律的内容来说，《法律的概念》告诉读者，一方面，有关立法者立法形式和内容的法律不仅包括一些义务职责性的规定，而且包括一些权力性的规定，立法者在制定法律之后有权解释法律的含义，有权将解释权交给其他法律机构，有权宣布某些习俗规范或道德规范具有法律效力，这些权力性规定不能理解为强制性的义务规定，[②] 有关司法机构职权的规则也是如此；[③] 另一方面，某些权利性规则如继承权规则、自愿赠与规则、婚姻自由规则等，同样因具有授权性质而不能被理解为具有强制性，“规定合同订

① Herbert Hart, *The Concept of Law*, Oxford : Clarendon Press, 1961, p.80.

② Herbert Hart, *The Concept of Law*, Oxford : Clarendon Press, 1961, p.26.

③ Herbert Hart, *The Concept of Law*, Oxford : Clarendon Press, 1961, p.29.

立、遗嘱订立和结婚具有法律效力的法律规则并不要求人们必须以某种方式行为，这样的法律并未设定义务或责任”。[①] 授权规则规定的行为，如果不去实施，显然不存在强制实施的问题。[②]

此外，《法律的概念》相信，即使就某些义务职责性的规则而言，法律强制观念也是令人怀疑的。立法机构在立法时通常要遵守规定立法程序的法律规则，这些规则会规定如何提交法律议案、如何讨论并通过法律议案、如何修改或废除原有的法律规则，以及在何种情况下通过法律议案具有法律效力。这些规则与立法者的义务或职责有关，有时正是立法者自己制定颁布的。“许多立法现在对立法设定了法律的义务，因此，立法完全可以具有这样的自我约束力。”[③] 甚至刑法“也是共同适用于那些制定它们的人，而不仅仅适用于其他人”。[④] 就这些规则来说，如果认为法律是强制性的命令，那么，就可以认为立法者是在命令、限制和威胁自己了，如此未免显得有些荒谬。

---

① Herbert Hart, *The Concept of Law*, Oxford : Clarendon Press, 1961, pp.27, 48.

② Herbert Hart, *The Concept of Law*, Oxford : Clarendon Press, 1961, p.28.

③ Herbert Hart, *The Concept of Law*, Oxford : Clarendon Press, 1961, p.42.

④ Herbert Hart, *The Concept of Law*, Oxford : Clarendon Press, 1961, pp.48, 77.

在《法律的概念》之后的法理学语境中，更多的文本对“法律强制观念”采取了边缘化的姿态。美国学者博登海默（Edgar Bodenheimer）的《法理学》说：如果因为政府强制力的运用越来越少而宣称法律在社会中已经不复存在，那么，这显然是对法律的作用的一种误解；但如果必须将主要依赖强制力作为实施法律的手段，那么只表明法律制度失灵而不是肯定其效力与实效。“既然不能根据一个社会制度的病态表现来给其下定义，那么，就不应将强制的使用视为法律的本质。”[①] 奥籍学者温伯格（Ota Weinberger）的《制度法论》认为：以威吓为基础的强制不是法律的本质要素；将制裁视为法律唯一的刺激力是对法律的极大误解，法律的主要作用是指引和协调，其主要手段不是强制而是促进。[②] 英国学者劳埃德（Dennis Lloyd）的《法律的观念》也认为：对“法律强制力”观念的否定意识，并非要剔除法律程序中有时存在的强制制裁，而是将重点从强制的服从转向自发的同意。[③]

实际上，在新的法理学语境中，“法律强制”话语最终游离于

---

① Edgar Bodenheimer, *Jurisprudence*, Cambridge: Harvard University Press, 1978, p.274.

② Neil MacCormick and Ota Weinberger, *An Institutional Theory of Law*, Dordrecht (Holland): D, Reidel Publishing Company, 1986, p.47.

③ Dennis Lloyd, *The Idea of Law*, New York: Viking Penguin Inc., 1981, p.37.

边缘及被放逐的位置。

针对《法律的概念》的第一个批评，后来的赞同分析法学的文本提出了一个反驳：有义务做某事和被迫做某事的确是有所区别的，但区别在于前者是普遍化的，后者是个别化的，而不在于前者与制裁威吓没有联系。要求纳税人交税，是以如抗税偷税则罚款或判刑作为威吓的，说纳税人因威吓而被迫交税并无不妥，有些人正是因为惧怕制裁而纳税的。换言之，虽然不能说被迫做某事便是有义务做某事，如被迫去抢劫、被迫去伤人，但可以说有义务做某事正是被迫做某事。因此，可以认为制裁或强制与义务之间的关系，能够通过立法者使用威胁或实际的强制力来解释。

这里可能涉及两个问题。首先，是否所有义务都联结着制裁？其次，在实际法律活动中，某人依照法律规定履行义务是否都是出于被迫？先说第一个问题。有的义务的确联结着制裁，有的义务可能不联结着制裁。比如，实施民事制裁对实施制裁的法院来说是义务（也是权力），但是这种义务背后不可能存在着制裁威吓；征税机关有征税的义务而且对偷税漏税的人有罚款的义务，然而其义务背后也不存在制裁威吓的问题。再说后一个问题。有人履行法律义务的确是出于自愿的。有人自愿纳税就像有人被迫纳税，有人自愿执行法院判决就像有人被迫执行，这些都不奇怪。法律强制观念在此的弊病可能是未区别消极义务的表现和积极义务的表现。消极义务是指在规范上以及在现实中与制裁有关系的义务，如被迫纳税的义务。积极义务则是指无论在规范上还是在现实中都与制裁无关的义务，如前述的法院实施制裁的义务和某些人自愿纳税的义务。实际上，将法律与义务及制裁视为等同的，便是将所有法律规则看作义务规则，而且是消极义务的规则。就此而言，《法律的概念》的批评不无理由。

就《法律的概念》的第二个批评来说，《法理学的范围》和边沁的《法律通论》都说过，没有仅产生权力或权利的法律，但有仅产生义务的法律。仅仅包含义务的法律与权利或权力无关，可称为“绝对的”义务。而每项真正授予权力或权利的法律都明确地或不言而喻地强加了一项相应的义务。[1] 依此说法，法院拥有审批案件的权力，便意味着他人负有不得妨碍其审批的义务；某人享有继承权，便意味着他人负有不得妨碍其继承权的义务；某人享有自愿赠与的权利，便意味着他人负有不得侵犯或妨碍其权利的义务。于是，授权规则与强制之间具有了间接的必然联系，从

① Jeremy Bentham, *Of Laws in General*, ed. H. L. A. Hart, London : The Athlone Press, 1970, p.58 ; John Austin, *The Province of Law Determined*, ed. Wilfrid Rumble Cambridge : Cambridge University Press, 1995, p.34.

而仍然可以将其视为强制规则。

不过，这种解说存在着一个隐蔽的逻辑麻烦。按照其上述间接义务推理的方式，对某人的权力或权利的规定意味着对他人的一般性义务的规定，这样，人们同样可以运用相反的推论认为，一般性的义务规定意味着对他人的一般性权力或权利的规定。比如，规定必须遵守立法机关制定的规则的义务，便可以视为间接地、不言而喻地规定立法机关具有最高权威的立法权；规定不得损害他人的名誉，便可以视为间接地、不言而喻地规定他人享有名誉权；规定不得盗窃他人财物，可以看作间接地规定他人享有不可侵犯的财产所有权。如此，可以推出所有义务性规则都是间接的权力或权利性规则，因而并不具有强制性的奇怪结论。显然，在此不能认为《法理学的范围》和《法律通论》的推论是正确的，而相反推论是错误的。[①] 由此可说，《法律的概念》的批评同样是有理由的。

就《法律的概念》的第三个批评来说，分析法学的文本曾提出过，应当区别立法者在社会中的不同资格或角色。当立法者作为一名普通的社会成员时，他完全可以受自己制定的法律的约束。

① 《法律的概念》说："要理解授予个人权利的规则，就必须从行使它们的那些人的观点去看待它们。"（Herbert Hart，*The Concept of Law*，Oxford：Clarendon Press，1961，p.40.）

当他作为一名立法者时，有时会有自我约束，有时则不会。就后一种情况而言，立法者虽然有时要遵守有关立法程序的规则，但在最终权力上可以决定这类规则的存留，只要立法者有这样的意愿和意志。当认为法律是立法者自上而下的强制要求时，主要是就立法者的这种最终权力来说的。

这种回应显然不能令人满意。如果认为法律是强制性的规则，那么，在立法者自我约束的情况下问题依然存在：立法者是否在限制、威吓自己？立法者有时的确有权决定规则的存留，但其有时又的确在遵守自己制定的规则。“在大多数法律制度中……主权者是受法律约束的。”[①]“奥斯丁的设想是主权者因为制定了法律故在法律之上，然而这与事实明显不符。事实表明在某些社会中法律不仅适用于臣民而且适用于主权者。”[②]当立法者遵守某些规则时，可以认为《法律的概念》的批评至少有部分的理由。

“法律强制”的话语的确存在论证的困难，其“霸权”终究要让位给新的法律话语。这是阅读《法律的概念》可以得出的另一个结论。

---

① Theodore Benditt，*Law as Rule and Principle*，California : Stanford University Press，1978，p.66.

② J. P. Gibbs，“Definitions of Law and Empirical Questions”，in *Law and Society*（1968），p.440.

三

为什么作为一种法律性质的分析，法律强制观念存在着论证的困难？《法律的概念》说，因为这一观念忽视了一个社会存在：规则的内在方面或者说行为者的积极态度。

在社会行为中，可以看到一些具有一定规律性的行为模式：每天早上跑步、周六郊游或看电影、每天准时上班、进教堂脱帽、每天为他人做奴隶般的工作……这些行为之间有何区别，如何分类？有人可能认为，其中可以分为两种基本行为模式：习惯行为和规则行为。两者的区别在于后者包含着一种“他者要求”，前者并不包含。当没有他人要求时，每天早上跑步、周六郊游或看电影可视为习惯行为模式。每天准时上班通常来说是一种规则行为模式，因为，对行为者存在着某种“他者要求”（如国家要求、雇主要求等），进教堂脱帽也是因为存在着某种“他者要求”。而且，由于这类要求是外在于行为者的，即它是非行为者向行为者提出的，提出者本身便不一定具有这样的行为模式。

但是，这种回答忽略了行为者本身的态度问题。可以发现，有时某些行为者同样会向另外的行为者提出这种“要求”，因为他认为这种“要求”是正确的、正当的，其他行为者违背要求便应受到谴责。若某个政府职员不准时上班，某些职员便会认为这是不对的而且应当受到批评，同时会认为，对其给予惩罚具有正当的理由。当有人进教堂不脱帽，有些朝圣者便会认为这是渎神的，应当予以谴责。在规则行为模式中，这种持批评观点的行为者一定是存在的。因此，应当看到，习惯行为模式与规则行为模式的真正区别更在于某些行为者具有积极的主观态度；在规则行为模式中并不只有因他人要求而被迫的行为。在两种行为模式之外还有被迫行为模式，这一模式才仅仅具有外在的“他者要求”，而无行为者本身的积极态度。

根据这一思路，《法律的概念》以为，将规则行为模式的特点理解为存在着一种外在的他人要求，与行为者的自愿态度无关，等于承认了规则行为都是被迫的，等于将规则行为模式完全等同于被迫行为模式（如每天为他人做奴隶般的工作）。这是“强制观念”产生论证困难的关键。

于是，为了理解法律的核心要素，首先必须理解行为者的积极态度或曰规则的内在方面。

在规则行为模式中，正面心态行为者的积极态度是“规则的内在方面”，行为的规律性是“规则的外在方面”。没有“积极”性质的内在方面，行为模式便会成为诸如习惯等类的行为模式，或者成为仅有强暴要求逼迫的被迫行为模式。“如果一个社会规则是存在的，那么至少某些人必须将涉及的行为视为群体整体遵循的一般准则。一个社会规则，除了和社会习惯一样具有外在方面之外，还有一个‘内在方面’。”[①]《法律的概念》认为：广泛的“规范性”语言，如“我（你）不该这样做”“我（你）必须这样做”“这是正确的”“那是错误的”，被积极心态的行为者用于批评、要求和承认的表述之中。[②]“任何规则的存在，包含着规则行为和对作为准则的规则行为的独特态度之间的相互结合。”[③]

一言以蔽之，“规则的内在方面”意思是指规则行为模式中出现的行为者将行为模式视为自己行为及批评他人的理由和确证的主观方面。《法律的概念》暗示，法律行为模式是一种规则行为模式，当其存在时，必然具有“规则的内在方面”，而行为模式中的内在方面，则决定了法律规则的初始存在。[④]

---

① Herbert Hart，*The Concept of Law*，Oxford：Clarendon Press，1961，p.55.

② Herbert Hart，*The Concept of Law*，Oxford：Clarendon Press，1961，p.55.

③ Herbert Hart，*The Concept of Law*，Oxford：Clarendon Press，1961，p.83.

④《法律的概念》提到：“……法律制度的存在是一个时常表现两个现象的社会存在，如果希望对之有一个现实的观点，就必须对这两个现象都有所关注。它包含自愿接受规则的态度和行为，也包含仅仅服从或默认的比较简单的态度和行为。”（Herbert Hart，*The Concept of Law*，Oxford：Clarendon Press，1961，p.197.）但是，其主要论说强调了积极的内在观点对法律存在的必要的条件地位。

“规则的内在方面”是《法律的概念》的叙事基点。引入这一概念，便可较为成功地区别“有义务做某事”和“被迫做某事”，说明放弃权利的自愿性，说清制定法律规则的主体及法律适用者如何自觉遵守和适用法律规则。根据这一概念，如果某人认为有义务纳税，是因为他意识到纳税是正确的，否则便是错误的，其主观状态与“被迫的感觉”没有联系。立法者遵守法律规则以及法官自觉适用法律规则，是因为他们具有同样的主观意识。而某人根据授权规则放弃追索债务的权利，这既是自愿的，也是有理由的。由此可见，法律的规则行为模式的存在不在于制裁或威吓，而在于行为者的积极态度，它与被迫行为模式的存在是不同的。

“内在方面”这一叙事基点，与英国学者温施（Peter Winch）的《社会科学的观念》[①]的社会学文本有着重要联系。该文本以为，有意义的行为事实上是一种规则约束的行为，因此，必须理解规则对于行为者的意义以及行为者对规则的态度。[②]“‘理解’（即对规则的理解——笔者注）……是把握人们所说所做的要点和意义。

① Peter Winch, *The Idea of a Social Science*, London : Routledge & Kegan Paul, 1958. 另见 Herbert Hart, *The Concept of Law*, Oxford : Clarendon Press, 1961, p.242。

② Peter Winch, *The Idea of a Social Science*, London : Routledge & Kegan Paul, 1958, pp.52, 133.

这一观念远离统计和因果律的世界。它更为接近主观表达的领域，更为接近联系主观表达领域各个部分的内在关系。”[①] 实际上，《法律的概念》中“内在方面”的观念大致来自这一文本。但是，“内在方面”作为一种叙事手段，则是在《法律的概念》之后才在分析法理学的语境中逐步中心化的。在后来的分析实证品格的法理学文本中，如拉兹的《法律的权威》和麦考密克的《H. L. A. 哈特》[②]，“内在方面”的观念虽然被赋予了不同的理解和评说，但其毕竟成了法律分析的基本起点。[③]

根据“规则的内在方面”的学说，现实中至少应存在某些人的积极反省态度，否则规则的行为模式是不存在的，从而规则也是不存在的。反之，某些人的正面心态决定了规则的存在，而规则的存在便意味着义务的存在。当存在纳税的义务时，是因为某些纳税人觉得纳税是正当的、应该的，他们会对偷税漏税的行为表现出批评的态度。他们自己纳税是因为自己有积极的内在态度。由此纳税的

---

① Peter Winch, *The Idea of a Social Science*, London: Routledge & Kegan Paul, 1958, p.115.

② Neil MacCormick, *H.L.A. Hart*, California: Stanford University Press, 1981.

③ Joseph Raz, *The Authority of Law*, Oxford: Clarendon Press, 1979, pp.154, 156; Neil MacCormick, *H.L.A. Hart*, California: Stanford University Press, 1981, pp.34—43.

规则及义务便存在了。

可是，美国学者班迪特（Theodore Benditt）的《作为规则和原则的法律》认为，这个学说似乎并未精确地说明：为何没有积极反省态度的行为者仍然具有义务？有些人虽然纳税但并不具有积极的反省态度，他们可能认为，不纳税便会遭到惩罚，所以迫不得已去纳税。为何这些人具有纳税的义务？仅仅是有些纳税人认为应该如此的缘故？[①]有时，有人反对纳税是因为认为纳税是错误的、不公正的，其心理并不在于偷税漏税以损公肥己。他的确认为国家征税没有正当的道德根据，这类人被迫纳税的确是一种可以理解的“被迫”行为。在这种情况下，仍能认为积极态度的内在方面是其纳税义务的根据吗？对于更有争议的问题，这一理论会遇到更为严峻的疑问。比如，对于“安乐死”“堕胎”等行为，是否反对者的积极态度足以成为赞同者不得如此行为的义务根据？如果可以，那么理由何在？

可以看到，从“规则的内在方面”学说似乎只能推出一个结论：某些人认为“正确”足以成为他人的义务根据，即使这些人是社会中的少数。顺此思路，如果对立观点不可调和，那么最终结果似乎

---

① Theodore Benditt, *Law as rule and Principle*, California : Stanford University Press, 1978, pp.82, 83.

只能是掌握权力者来决定谁是“正确”的，从而决定义务是什么。《法律的概念》的确说过：“对于法律制度的存在来说有两个最低限度的必要充分条件：第一，那些根据法律制度的最终效力标准是有效力的行为规则必须被普遍地服从；第二，其中说明法律效力标准的承认规则、改变规则和审判规则必须有效地被官员接受为共同的公开的官方行为标准。”[①] 但是，“存在强制力的一个必要条件是至少某些人必须在制度中自愿合作并且接受这个制度的规则”[②]，“在特殊情况下……也许只有官员才接受并使用这个制度的法律效力标准……然而没有理由认为它不可能存在或者否认其中法律制度的资格”[③]。

如果是这样，义务的根据表面上看是由于行为者的积极态度，而实际上有时则是由于官员权力的最终决定。如果是权力的最终决定，阅读《法律的概念》与阅读分析法学的文本似乎可以得到类似的结论，前者有时同样最终不能回避“强制制裁”的问题。这一分析本身从相反方向表明：就那些被迫的义务而言，分析法学的文本并非毫无道理。

另外，“规则的内在方面”学说不能说明另一类义务的来源。

---

① Herbert Hart, *The Concept of Law*, Oxford: Clarendon Press, 1961, p.113.

② Herbert Hart, *The Concept of Law*, Oxford: Clarendon Press, 1961, p.198.

③ Herbert Hart, *The Concept of Law*, Oxford: Clarendon Press, 1961, p.114.

根据这一学说，在社会中，如果某人提出一项义务的主张，比如“应当这样行为”，那么，这便意味着这个人既预先说明了有关这项义务的他人内在积极态度的存在，从而说明了有关这项义务的规则的存在，又积极接受了这一规则。换言之，如果有人认为有义务不说谎，那么这说明此人已表明了“不说谎”的规则的存在，而且也积极接受了不说谎的规则。但是，对于宣称“进教堂脱帽”的朝圣者，这也许是恰当的，可对于说“有义务不说谎”的人来说，也许是不恰当的。因为，当某人说“人们有义务不说谎”时，在社会上可能并不存在这样的规则。此人所表述的“积极观点”也许仅仅是一种伦理道德的意见表示。素食论者的例子可以更为清楚地说明这一点。素食论者一般会认为，人们没有权利杀死动物以求食。因为，在任何情况下以任何方式杀死动物都是不道德的。然而社会上显然不存在“不杀死动物”的规则，而且，素食论者也会承认，在社会中极少有人会接受这样一种有关义务的看法。①

此外，在法律语境中，如果认为一名法官必须适用一项法律规则的义务来源于一项较高法律规则的义务规定，那么，人们可以提出这样的问题：为什么这名法官有义务遵守较高的法律规则？如果说因为这是宪法的规定，那么完全可以继续追问：为什

① Ronald Dworkin, *Taking Rights Seriously*, London: Duckworty, 1978, p.52.

么法官有义务服从宪法的规定？显然，这样追问下去，将不得不做出义务在根本上来源于社会规则以外的东西的结论。这也表明，某些义务甚至某些法律义务的存在，与规则的行为模式或规则没有关系。“规则的内在方面”的理论不能解释这类义务的存在。

但是无论怎样，在法理学的语境中，“规则的内在方面”的确具有矫正“法律强制”观念的重要作用。它提示：对法律要素的分析不能忽视社会中怀有积极合作态度的主体的存在，否则对法律的理解只能是偏狭的。[①]

四

在传统的法理学话语中，作为元叙事的“法律强制”概念的主要目的在于区别法律规则和道德规则、宗教规则等。《法律的概念》运用“规则的内在方面”，消解了这个元叙事，然而其本身无法彻底

① 《法律的概念》说：“坚持习惯地服从以威吓为后盾的命令是法律制度的基础的学说，其优点正是在于迫使我们以现实主义的方式思考我们称之为一个法律制度的存在的复杂现象的相对消极方面，其缺点在于模糊或歪曲了主要（尽管不是全部）在法律制度的官员或专家制定、确定和适用法律的运作中见到的其他相对积极方面。如果打算明白这个复杂社会现象实际上是怎样的，就必须记住这两个方面。”（Herbert Hart，*The Concept of Law*，Oxford：Clarendon Press，1961，p.60.）

放逐这一元叙事。因为，许多规则如道德规则、礼仪规则、宗教规则等，其存在都有规则的“内在方面”，这意味着“内在方面”本身尚未使法律区别于道德或宗教，而分析性质的法理学又不能放弃这一区别的基本把握。于是，《法律的概念》引入了次要规则的论说。

在社会规则中，可以大致发现两类不同性质的规则。“一类规则可以视为基本规则或主要规则（primary rules），根据这类规则，人们必须为或不为某些行为而不论愿意与否。另一类规则在某种意义上从属于或辅助前一类规则，因为它们规定人们可以凭借做某些事情或说某些言论的方式采用新的主要规则，废除或修改旧的主要规则，或者以各种方式决定主要规则的影响范围或控制它的作用。前一类规则设定义务；后一类规则授予公共权力或个人权利。前者涉及人们的行为的活动或变化；后者具有不仅引起人们行为活动或变化，而且引起创立或改变责任或义务的作用。”[①] 后一类规则叫作次要规则。“法律的独特性质在于它是不同类型规则的结合，这即使不是法律的独特性质，也是其一般性质。”[②]

---

① Herbert Hart，*The Concept of Law*，Oxford：Clarendon Press，1961，p.78—79.

② Herbert Hart，*The Concept of Law*，Oxford：Clarendon Press，1961，p.48.

运用次要规则的论说,《法律的概念》彻底放逐了“法律强制”的元叙事。法律与道德、宗教等规范的基本区别便在于法律包含了极为重要的次要规则。《法律的概念》的意思是：没有“外在的强制制裁”，同样可以而且将更为有力地说明法律规范与非法律规范的区别。

次要规则包括承认规则(rule of recognition)、改变规则(rules of change) 和审判规则 (rules of adjudication)。承认规则是指用来明确主要义务规则的内容、范围及效力的规则。改变规则是指控制主要义务规则的发展变化，并用来确定主要义务规则的取舍的规则。审判规则是指确定谁最终有权认定主要义务规则是否被违反的规则。“主要规则涉及个人必须做或不得做的行为，而次要规则涉及主要规则本身。次要规则说明主要规则可以最后被查明、采用、消除、改变的方式和违反主要规则的事实被查明的方式。”①

当没有次要规则时，一个社会中的主要义务规则至少会存在三个不足：第一，人们容易对其内容是什么或其精确范围是什么产生疑问，比如，“要信守承诺”包括哪些内容？是否包括“全部履行”“依时履行”“在对方违约时依然履行”等内容？部分履行、

① Herbert Hart, *The Concept of Law*, Oxford : Clarendon Press, 1961, p.92.

因特殊情况推迟履行或在对方违约时依然履行等，是否属于信守承诺？第二，其变化发展及取舍完全是习惯性的，人们在主观上无法控制（如果想控制的话），比如，如果想让人们接受安乐死，只能等待人们慢慢改变习惯；第三，用其解决纠纷缺乏一个令人信服的稳定的权威，当人们因协议发生纠纷时，谁来解释说明“要信守承诺”的含义，谁来判定争议者的权利和义务？

显然，这三个不足正好使主要义务规则表现为道德规范一类的规则。反之，恰恰是次要规则的“在场”，另一种不同于道德规范的规范即法律才凸显出来了。

在次要规则中，承认规则是最重要的。因为，它可以回答法律是什么，可以确定某种渊源（如立法机关制定的规则或判例）是否为法律的渊源，并对一个法律制度何时存在提供了一个标准。《法律的概念》提醒人们小心，不能将承认规则（以及改变规则和审批规则）的存在方式等同于一般理解的法律规则。后者是权威机构制定的，或以司法部门的判决方式出现的，而承认规则既可以是成文的，也可以是不成文的，它可以以各种表达方式存在于人们的日常实践中。例如，“凡是英国议会颁布的就是法律”“一个规则是一个法律制度的规则，当且仅当这个规则由立法机关颁布，或者来自立法机关颁布的规则”等表述，不一定是权威机关制定的，或以司法部门的判决方式出现的，但它们的确是承认规则的一种表现形式。就规则的存在而言，其他规则（包括主要义务规则、改变规则和审判规则）作为法律规则而存在，一方面是因为人们具有的积极态度，另一方面便是因为承认规则自身所确立的标准。而承认规则作为法律规则而存在，则仅是因为人们所具有的积极态度。因此，“承认规则仅仅是作为法院、官员和个人在依据某种标准确定法律时而从事的复杂但又正常一致的实践而存在的”。[①]

在《法律的概念》中，次要规则像主要义务规则一样，与“规则的内在方面”具有密切的联系。“分析基本的义务和责任概念要求依据最基本的内在观点（internal point of view）的表现。次要规则体系的增加，使内在观点的语言和行为的范围大大扩展和多样化。这一扩展又使一组全新的概念出现了，它们包括立法司法、效力的概念和一般来说法律上的私人权利和公共权力的概念，分析它们也需要依据内在的观点。”[②]

《法律的概念》在这里的思路是：在“规则的内在方面”或者

---

① Herbert Hart, *The Concept of Law*, Oxford : Clarendon Press, 1961, p.107.

② Herbert Hart, *The Concept of Law*, Oxford : Clarendon Press, 1961, p.96.“内在观点”就是行为者对行为模式的积极态度，即“规则的内在方面”。

说行为者的内在观点中，不仅可以观察主要义务规则的存在，而且可以观察次要规则的存在，从而最终把握法律的核心要素。

次要规则的论说试图解决分析法学文本无法解决的两个问题。其一，后者无法解释立法者正常交替（即非暴力、非政变或非革命）时某种法律规则的存在。在正常交替的情况下，肯定存在使交替合法的法律规则，而这种规则显然不是分析法学文本所能说明的。[①] 根据次要规则的观念，通过实践中内在观点体现的次要规则中改变规则的存在，立法者的交替以及先前的法律才可延续有效。例如，当某个制定规则的主体去世后，正是因为改变规则的存在，其制定的规则才继续有效，而且新的立法者才具有合法性。而改变规则本身就是法律规则。

其二，分析法学的文本无法解释为何某类人可以成为立法者。这些文本的一个假定是：因为一些人掌握了规模化的强制手段，故其可以成为立法者。但是，某些强暴者也掌握了规模化的强制手段，为何人们不将“立法者”一词用在其身上？可以看出，强暴者和立法者是不同的。根据次要规则的观念，社会中由于存在着

---

① 分析法学的文本有时提到过“认可”这个概念。如《法理学的范围》第 VI 章说：新的主权者可以明示认可或默许认可旧的主权者制定的法律。但是，“认可”概念仍不能说明使新的主权者正常取得权力能够合法的法律的存在。

承认规则，承认规则说明了何者可以成为法律规则的制定者，人们才将某些人称为立法者。

在《法律的概念》之后，分析性质的法理学文本在确定法律的存在时，大体上不再遵循分析法学的制定说。次要规则尤其是其中的承认规则，已经成为法律存在分析的基本叙事手段。①

不过，《法律的概念》在描述承认规则这一次要规则的时候时常提到“官员”这一词语，这使承认规则本身的叙述出现了推论上的蹩脚或尴尬。《法律的概念》以为，就法律的存在而言，官员接受承认规则的作用要比一般公民来得更为重要。②即使承认规则的接受仅仅限于官方世界，法律制度也是存在的。③而在官员的性质问题上，《法律的概念》又认为官员的确定最终依赖于承认规则以外的改变规则和审判规则，而改变规则和审判规则又依赖于承认规则。这一双向叙说实际上暗含着这样的看法：法律

---

① Joseph Raz, *The Authority of Law*, pp.90—98; Neil MacCormick, *Legal Reasoning and Legal Theory*, p.233; Joseph Raz, “Legal Principle and Limits of Law”, 81 *Yale Law Journal* (1972); Philip Soper, “Legal Theory and the Obligation of a Judge: Hart/Dworkin Dispute”, 75 *Michigan Law Review* (1977); R. Sartorius, “Social Policy and Judicial Legislation”, 8 *American Philosophy Quarterly* (1971).

② Herbert Hart, *The Concept of Law*, Oxford: Clarendon Press, 1961, p.59.

③ Herbert Hart, *The Concept of Law*, Oxford: Clarendon Press, 1961, p.114.

存在的研究不能离开“官员实践”的分析与把握，而对于“官员实践”的深入研究，在理论的深层方面必然导出改变规则和审判规则进而导出承认规则。换言之，在确定法律是什么的时候，要观察承认规则，观察承认规则便要观察官员的实践；在确定官员实践的时候，则要观察改变规则和审判规则，而观察这两种规则便要观察承认规则。显然，这是一种不妙的循环论证。

另外，分析法理学之外的法理学文本如规范法理学文本[①]，却对有关次要规则特别是承认规则的论说不以为然。《法律的概念》放逐了“法律的定义”和“强制制裁”的观念，然而遵循了分析法学文本的一个基本设想：找寻一个基本的标准或尺度（master rule），以确定社会中法律的存在，确定某一规则是否为法律规则。分析法学文本将“主权者的命令”视为这个标准，《法律的概念》将承认规则视为这个标准。作为规范法理学的重要文本，美国学者德沃金（Ronald Dworkin）的《认真地看待权利》则认为，这个基本设想是错误的。

在《认真地看待权利》中，人们可以阅读到这样一种观念：法律不仅仅是由规则构成的，它还包含了作为法律规则背景根据

① 主要指价值倾向的自然法理论的作品。

的法理（doctrine）、准则（standard）、原则（principle）和政策（policy），正如某些规则是法律的一部分一样，这些背景根据也是法律的一部分；[1]而后一类法律是无法用承认规则来确认的。[2]

《认真地看待权利》的第一个意思是：在法律实践中，有时可以发现法律适用者思考并运用法律规则的背景根据。[3]这些背景根据必须被视为法律的一部分，否则将推出法律规则不是法律一部分的奇妙结论。因为，第一，法律适用者在法律适用中改变、撇开具体法律规则时有发生；第二，他们在法律适用中有时运用背景根据，有时不运用，这与运用具体法律规则的情形并无实质性的区别；第三，如果认为，法律适用者可运用也可不运用背景根据这种情形表明这些根据不具有法律约束力，因而不是法律，则同样可以认为具体法律规则不具有约束力，因而不是法律。

但是，人们从不因为法律适用者有时改变、撇开具体法律规则，从而认为具体规则对其不具有约束力因而不是法律。因此，

---

① Ronald Dworkin，*Taking Rights Seriously*，London：Duckworty，1978，chap.2.

② Ronald Dworkin，*Taking Rights Seriously*，London：Duckworty，1978，chap.2.

③ 如 Riggs v. Palmer，115 N. Y. 506；22 N. E. 188（1889）。参见 Ronald Dworkin，*Taking Rights Seriously*，London：Duckworty，1978，chap.2。

没有理由认为原则等背景根据不是法律。“除非我们承认至少某些原则（即背景根据——笔者注）对法官是有约束力的，要求他们作出具体判决，否则便没有或几乎没有什么规则可以说成对他们是有约束力的。”①

《认真地看待权利》的第二个意思是：如果背景根据等是法律的一部分，那么承认规则这类标准将会部分失效，因为，它们不能像确定某些具体规则是法律那样，确定背景根据是法律。背景根据的获得有时依赖法律适用者的推论或讨论。在某些情况下，背景根据不是以立法或判例的方式确立的，而是见诸制定法或判例的前言中，可以从制定法、判例或宪法中推论出来，有时则可以直接来自政治道德理论。

可以看出，《认真地看待权利》的批评对《法律的概念》的规则模式极具挑战性。

当然，尽管次要规则的论说有这样的困难，然而它的确表明，如果要区别法律与道德等其他社会现象，那么，“强制制裁”肯定不是无法割舍的唯一选择。

① Ronald Dworkin, *Taking Rights Seriously*, London：Duckworty, 1978, p.10.

五

作为次要规则的承认规则，其意义是区别法律规则与非法律规则，在区别的同时，解决主要义务规则内容及范围上的模糊性问题。但是，有何理由认为承认规则本身并不存在这种模糊性？承认规则也是由语言构成的，语言的模糊性使承认规则有时同样具有内容及范围上的模糊性。比如，针对“凡是英国议会所颁布的就是法律”这项承认规则，人们可以问：“议会所颁布”的含义是什么？是否所有颁布的方式，包括皇室琐谈、时事议论等，都属于其含义？对这项承认规则，人们也无法否认其范围上的模糊性：前一议会颁布的内容是否对后一议会具有约束力？依此思路，更为严重的问题是：如果承认规则有时存在着内容及范围上的模糊性，那么，用其确认其他规则的法律性质便会产生无法克服的困难，法律的核心要素从而也会失去稳固的认识基础。

鉴于此，《法律的概念》引入了规则的确定性与模糊性的概念。

构成规则的日常语言既有“意思中心”（core of meaning），也有“开放结构”（open texture）。“意思中心”是指语言的外延涵盖具有明确的中心区域。在这个区域中，人们不会就某物是否为一词所指之物产生争论。例如，“小汽车”“电车”“大卡车”属于“车辆”一词所属之物，这是十分容易确定的。人们不会争论这些车是否属于“车辆”。“开放结构”是指语言的外延涵盖具有不肯定的边缘区域。例如，“自行车”和“带轮滑板”是否属于“车辆”一词所属之物，就是难以确定的。人们对其是否属于“车辆”容易产生争论。当存在“开放结构”时，人们会争论语言的意思、内容或范围。①

因为语言具有“意思中心”和“开放结构”，所以，语言构成的规则既有确定性也有模糊性。②在“意思中心”的区域内，人们不会争论《遗嘱法》规定的“遗嘱必须由两个无利害关系人见证方为有效”“遗嘱必须经遗嘱人签署才能生效”的含义是什么。当两个互不相识的精神状态正常的成年男子见证了遗嘱，人们会认为这种情况当然符合上述规定；当遗嘱人在遗嘱文件上正式签署自己的真实姓名时，人们同样会认为当然符合上述规定。但在“开放结构”的区域内，人们会争论《遗嘱法》规定的含义。如果一对夫妻见证了遗嘱，是否符合上述规定？这对夫妻虽与遗嘱内容没有利害关系，但能否因此视为“法律上的两个人”？如果遗嘱人用笔名签署，或别人用其手签署，或遗嘱人仅用名字的开头字

---

① Herbert Hart，*The Concept of Law*，Oxford：Clarendon Press，1961，p.123.

② Herbert Hart，*The Concept of Law*，Oxford：Clarendon Press，1961，p.124.

母签署，是否符合“签署”的规定？在这些情况中，《遗嘱法》两条规定的含义究竟是什么？[①]

《法律的概念》以为，通过官员的“内在观点”展现的实践和语言的“意思中心”，才可以发现具有确定性的承认规则的存在，从而发现法律是什么。在“开放结构”的地方，法律是什么便是另一个问题了。

“意思中心”的概念，是以人们在某些情况下对语言所表达的某些意思不存在争议这一事实为基础的。《法律的概念》以此作为根据之一，试图抵御法理学语境中的规则怀疑论[②]的边缘发难。规则怀疑论的语言学依据是：所有语言表达的含义都是允许争议的。如果这一依据可以成立，那么规则的存在与意义的确是成问题的。但是，仔细观察人们对日常语言的含

---

① Herbert Hart，*The Concept of Law*，Oxford：Clarendon Press，1961，p.12.

② 在《法律的概念》之前，规则怀疑论主要是指美国现实主义法律理论。现实主义理论以为“规则”的概念是个虚构，因为，在现实中，法律适用者的推论是复杂的，其判决具有最终性，而且法律争论之中不存在唯一正确的结论。美国学者卢埃林（Karl Llewellyn）说，法律制度中的规则在实际的法律适用中所具有的意义，远没有人们设想的那样重要。（见“The Consititution as an Institution”，34 *Columbia Law Review*，1934）美国学者弗兰克说：所谓的规则“仅仅是法官就具体案件作出法律判决的许多渊源中的一些渊源”，而不是人们认为的法律规则。（Jeromy Frank，*Law and Modern Mind*，Garden City：Doubleday & Co.，1963，p.127.）

义理解，似乎可以发现情况并非像规则怀疑论想象的那样糟糕。语言本身的含义虽然在不同的语境中会有不同的理解，但在确定的语境中会有相同的理解。含义有时的确是没有争议的，否则，人们的相互理解与交流便是不可能的。由此，《法律的概念》强调："法律规则可以具有一个无可争议的意思中心，在某些情况下，或许难以想象发生关于一个规则的意思的争议。"①

《法律的概念》的语言学叙事暗含这样一个设想：当存在"意思中心"时，不会发生有关法律具体内容或法律整体概念的争论，这些争论仅与"开放结构"有关。假设某规则规定禁止在公园内停放或通行车辆。在该规则的意思中心，如汽车、卡车、小轿车等，都属禁止之列。但在开放结构的地方，自行车、四轮手推车是否属于禁止之列便不清楚了。人们可以就该规则是否适用于自行车、四轮手推车进行争论。

然而，有时在这一规则的意思中心，人们同样会出现争论，他们会争论某些汽车是否属于禁止之列。假设在公园内有一病人需要急救，救护车是否可以进入公园？在公园内出现了火情，消防车是

① Herbert Hart, *The Concept of Law*, Oxford: Clarendon Press, 1961, p.12.

否可以进入公园？人们不会争论救护车、消防车是否为车辆，但会争论根据规则它们是否属于禁止之列。有人会认为，应该允许救护车和消防车进入公园救人灭火，因为这是特殊情况；有人会认为，不应允许，因为规则规定禁止车辆进入，救人灭火是应该的，但可以采用人工或其他的方式，并不一定要违反规则让这些车辆进入，严格遵守规则是颇为重要的。

因此，某些法律争论（包括对承认规则的争论）与语言问题没有关系。

如果语言的“意思中心”不能确保规则的确定性，那么，《法律的概念》希望在此基础上确定承认规则，用承认规则确定法律的存在，并以此作为法律的核心要素，便会遇到相当程度的障碍。

六

“承认规则”以及其他“次要规则”的功能是区别法律与道德等非法律现象，但并未说明法律与道德这两者的相互关系。在西方法理学的特殊语境中，两者关系是经久不衰的论辩话题。一方面，实证品格的法理学文本以为两者没有必然的联系，坚持没有道德判断的“在场”同样可以认定法律的存在；另一方面，价值品格的法理学文本[①]则固守相反的姿态。《法律的概念》尊重分析法理学的实证精神，提出了狭义的和广义的法律观念之分，并在推崇后者的同时疏离前者，以主张法律与道德没有必然的联系，从而在法律核心要素的梳理中剔除价值判断的干预。

狭义的法律观念的基本含义是指使用道德观念判断法律的存在或者其效力，广义的法律观念则反之。《法律的概念》相信，在实践和理论的层面上有理由认为广义的法律观念胜过狭义的。

先看实践方面。柏拉图的对话录《游叙弗伦·苏格拉底的申辩·克力同》里描述了苏格拉底誓死不越狱的经历。由于传授对诸神不敬的学问，苏格拉底被控腐化雅典青年之罪并被判处死刑。临刑前，其学生克力同借探望之机极力劝导其越狱，并说明了各种越狱的理由。克力同以为，雅典的法律是不公正的，所以没有遵守法律的义务。但是，苏格拉底却问：越狱是否正当？有无一种服从法律的义务？他以为，对于被判有罪的人来说，即使确信对其指控是不公正的，也不能认为逃避法律的制裁一定正当。[②]历

---

① 主要指自然法（Natural Law）理论的作品，如中世纪阿奎那以及17、18世纪古典自然法学派的作品。从19世纪下半叶至20世纪上半叶，在分析法学、历史法学和社会法学的发难下，自然法理论被挤向了边缘。但20世纪中叶，自然法话语再度复兴。

② ［古希腊］柏拉图：《游叙弗伦·苏格拉底的申辩·克力同》，严群译，商务印书馆1983年版，第104页。

史记载，苏格拉底经过慎重选择后饮毒而死。按照极端的价值品格的法理学文本，苏格拉底当然有理由不服从雅典的法律，因为这种法律不公正从而不具有法律的资格与效力，苏格拉底有理由而且应当越狱而走。按照实证品格的法理学文本，苏格拉底没有理由违抗雅典的法律，人们即使认为法律是不公正的，也有服从法律的义务，因为不公正的法律也有法律的资格与效力，如果可以违反法律，社会秩序便会受到威胁。而且，愿意在一特定社会中居住这一行为本身就意味着愿意遵守该社会的法律，如果不遵守便是“道义上的”自相矛盾。[①] 可以看出，两种观点各有道理，故苏格拉底在此面临的是一种道德选择的困境。[②]

有些道德选择的困境要比苏格拉底面临的困境更为严峻。比如，战后德国法院遇到的告密者案件，便使法院面临着极为艰难的道德选择：要么抛弃罪刑法定这一法治原则，要么抛弃公平正义这一基本道德。[③] 在告密者案件中，告密者为了自私目的而向纳粹德国机构告发了违反纳粹法律的某些人士，并使这些人士遭受

---

① 苏格拉底本身也是这样认为的。见［古希腊］柏拉图:《游叙弗伦·苏格拉底的申辩·克力同》，严群译，商务印书馆 1983 年版，第 104—105 页。

② Herbert Hart, *The Concept of Law*, Oxford : Clarendon Press, 1961, p.206.

③ Herbert Hart, *The Concept of Law*, Oxford : Clarendon Press, 1961, pp.204, 206.

了纳粹法律的摧残。从法律上看，告密者行为是合法的。从道德上看，其行为是可憎的。西德法院在审判告密者时，如果因其行为符合当时法律规定从而宣布其无罪，便违背了基本正义的要求：如果因其行为违反正义从而认定其有罪，便是溯及既往地适用法律，从而破坏了罪刑法定这一法治原则。显然，基本正义和罪刑法定的法治原则对于人类来说都是至关重要的，而且罪刑法定本身也是来自道德上的公平公正的要求。[①]有何理由选择其一而抛弃另一个？

可以看到，后一选择困境要比前一选择困境更为严峻的地方在于：后者是官员的困境，前者是个人的困境。对于社会来说，官员选择的结果是个人无法比拟的。因此，《法律的概念》说："一个承认法律的效力与其道德性质无关的法律观念，使我们能够看到这些不同问题的复杂性和多样性。而否定邪恶规则的法律效力的狭义法律观念则使我们对之视而不见。"[②]选择困境"引起的道德难题与正义难题是十分不同的，我们需要对之加以分别考虑，而断然拒绝承认恶法是有效的法律，无论出于何种目的，是不可

---

① 没有预先告知便惩罚是不公平的。这来自伦理的公平正义的预设。

② Herbert Hart, *The Concept of Law*, Oxford : Clarendon Press, 1961, p.207.

能解决这些难题的”。[1]

再看理论方面。将法律当作一种社会现象，这是实证法律话语的基本出发点。实证观念以为，像自然科学研究自然现象一样，法理学同样可以客观地、中立地研究法律现象。要做到这点，研究者必须不受价值观念的影响。假如根据价值判断将不公正的邪恶的法律排除在法律现象范围之外，势必与人们长期形成的科学思维方式大相径庭，而且，会使法律科学的研究出现畸形的结果。当我们将人作为一种科学的研究对象的时候，我们会将各种各样的人列入“人”的范畴。如果认为“邪恶的”人、“缺乏人性的”人、“没有理性的”人不应列入“人”的范畴，这种观念显然将被视为莫名其妙的观念而遭到拒绝。事实上，在科学的历史发展中，人们似乎从未将“负面的显现”视为否定某事物范畴归属的必要依据。

对《法律的概念》提出的实践方面的理由，可以认为其具有必要的反省意识。但对后一个即理论方面的理由，我们可以提出一个问题：在实践中，实践主体时常具有欲望、利益、需要和责任感。从社会文化的角度来看，实践主体不仅具有潜在的“主观

① Herbert Hart, *The Concept of Law*, Oxford : Clarendon Press, 1961, p.206.

知识”，而且始终处于特定文化语境之中。如果是这样，他能否“客观地”“中立地”观察他人与社会？不难看出，由于主体具有欲望、利益、需要和责任感，具有潜在的“主观知识”并处于特定的文化语境，他才会将某些“缺乏人性的”人排除在“人”的范畴之外，将事实判断和价值判断糅合在一起。对于法律现象，情况可能更是如此。法律对主体有权利的授予和义务的约束，在这种条件下，主体有时似乎不大可能“客观地”“中立地”看待法律问题。在此，问题的关键是：一个所谓“客观中立”的法律观念能否为实践主体所接受？如果实践主体不能也不愿接受，那么，“客观中立”的法律观念的意义何在？[①] 其实，当《法律的概念》指出道德选择困境的存在时，其已暗含了实践主体可能并不接受“客观中立”的法律观念的思路。就此而论，广义的法律观念不一定具有《法律的概念》想象的那种意义。

另外，美国学者富勒（Lon L. Fuller）的《法律要求自身》以为，理解“目的”同样是法律核心要素分析的一个必要条件。认识某物，不仅要思考它的渊源、形式和结构（即客观的存在），

---

① 这个问题正是德沃金对哈特以及其他自称科学、客观、中立的法律理论发难的起点。见 Ronald Dworkin，*Law's Empire*，Cambridge：Harvard University Press，1986，pp.13—14。

而且要思考它的目的。比如认识桌子，不仅要了解它是如何做成的，它的结构和形式是什么，而且要了解它可以用来干什么。否则，便不能更好地理解桌子，知道桌子实际上是什么。同样，人们不仅要认识法律的渊源、形式和结构，而且要知道法律的目的，否则只能对法律产生一个片面的认识。因此，不能将法律的目的内容弃之不顾。而理解法律的目的，理解者怎能离开自己的“目的理解”？实际上，在理解目的的过程中，理解者总是将自己的目的融入对象的目的之中。如此，在分析法律核心要素的时候不能回避法律应当是什么，无法抛弃“应然”的道德标准而“客观中立地”认识法律。[①]

此外，在《法律的概念》中，“规则的内在方面”“次要规则”和“意思中心”是梳理法律的核心要素的关键词。而其中最为基本的是“规则的内在方面”，没有这一关键词，则无法谈论“次要规则”和“意思中心”。因为前者决定了规则的存在，后两者则是规则存在后才能叙说的言辞对象。

如前所述，“规则的内在方面”表现为社会行为者对行为模式的一种积极态度。如果在法律语境中，行为者对法律行为模式

---

① Lon L. Fuller, *The Law in Quest of Itself*, Boston: Beacon Press, 1966, p.11.

具有积极态度，那么，这表明行为者对这一行为模式具有赞同姿态，认为其是“正确的”“合理的”“应当的”。在此令人惊异的是，倘若对此深入“理解”一下，也许可以得出这样的结论：虽然次要规则关键词使法律区别于道德，但“内在方面”关键词却始终使法律联结着道德。因为，根据《法律的概念》的推论，有“内在方面”才有规则行为模式，才有规则的存在，而主要义务规则和次要规则的存在都依赖各自“内在方面”的“在场”。这是说，“内在方面”表明主要义务规则和次要规则在某些行为者的主观中在道德上是可接受的。这样，道德的可接受就与法律有了不可分割的联系，而这正是主张法律与道德具有必然联系的叙事之一。

这个分析表明，《法律的概念》实际上反而又预支了这样的推论：在判断法律的存在与否时，某些主体（如苏格拉底和西德法院）的价值判断可能与“内在观点”的主体（如积极接受雅典法律的雅典官员和纳粹德国的官员）的价值判断是不同的，甚至是矛盾的。因此，在《法律的概念》中，应该得出这样的结论：法律的存在或效力与某些人的道德（或价值判断）具有必然的联系，与另一些人的道德则没有。

《法律的概念》弱化了一个旧语境，使后来的阅读者对旧有的法理学话语有了思考和反省；它也开启了一个新语境，使后来的阅读者对新的法理学话语有了期待和展望。这是一个世纪中叶的作品实际具有而且应该具有的独特品质。

CHAPTER 10

雄辩，以及法律中的雄辩

——读《法庭之王》和《哈佛雄辩》*

庭中对抗，需要辩论。因此，辩论作为一种技艺，发展下来就是一种职业的标志，其成熟耀眼的符号则是雄辩。

* 原载《文汇报》2001年5月19日，第10版。

研习法律的人，从来都是关心辩论的，仿佛辩论乃至训练得雄辩自如是法律行内的本分。为写一类专业的“作文”，一日来到了近邻的书店，发现两本书——《法庭之王》和《哈佛雄辩》，两书的共同特点在于通过律师讲雄辩，反过来再通过雄辩赞律师，而且历数美国律师才俊，于是，更为相信这是业内的看家本领。

上面两本书的主要内容是叙述美国法律辩论的个案。从中，我们可以细细品味尼克松水门事件法律辩论的戏剧性变化，慢慢咀嚼辛普森刑事案件开庭诉讼的峰回路转。更为重要的是，我们可以了解律师这样一个屡被文学作品痛快描述的社会精英符号的实际底蕴，以及因其根深所以叶茂。

辩论以至雄辩，是自古以来人类理性的一种“现场发挥”的极致。不论何种职业，何种角色，何种时代，我们都可以发现其有意义的一面。它们，能够调动我们的情绪、激发我们的想象，甚至使我们可以更好地提升对社会及人事的“问题意识”。所以，类似的书籍汗牛充栋，自是不奇怪的。

然而，我在这里关心这样的问题：法律中的雄辩，以及由此而来的时下中国诉讼程序的抗辩式改革，究竟会是怎样的一个结果？如果对结果产生了另一方面的疑问，则类似书籍（如《法庭之王》和《哈佛雄辩》）的话语意义在法律的语境中是否需要重新检视？

大凡了解现代中国法制进化过程的人都知道，从前，中国的庭审是以法官为核心的，专家称其为“纠问式庭审”。这是说法官才是“法庭之王”，法官不仅有裁判的权力，更有从头到尾追问以使案情水落石出的权力。法庭的流水线作业，是以法官为主角的。后来，随着西学东渐的持续，中国的法学家和法律家都发觉英语国家“对抗制庭审”才是最吸引人的。对抗，意味着庭审参与者积极地挑战对方，使出浑身解数，投枪掷匕，明中较劲。而法官则是消极静观的角色。人们想象，对抗式的操作，可使庭审的过程从混沌走向清晰，因为“真理是越辩越明的”。当诉讼两造竭尽全力为己利益而攻击对方的时候，法官才能更为清楚纠纷的关节要害。

庭中对抗，需要辩论。因此，辩论作为一种技艺，发展下来就是一种职业的标志，其成熟耀眼的符号则是雄辩。正因为辩论可以成为一种法律职业，而且，法律雄辩是需要训练成熟的，所以，“法庭之王”的位置从法官移向了律师。

法律中的雄辩，需要专门的术语、特殊的论证思路和具体的法律知识。于是，我们也就不难理解为什么在英语国家中律师的雄才伟略的表现既是滔滔不绝，又是方寸齐整。同时，我们也能理解，为什么这样的律师可以静悄悄地完成财富的自我流向，正如美国的高档律师可以不吭声地每小时收费高达1000美元。

财富的自我流向，是一种回报。

可是，我们应该注意，当这种回报以法庭审判对抗制的改革为背景的时候，是有问题可究的。在中国当下的语境中，尤其如此。

雄辩作为一种技艺，作为法律职业的一个重要代码，其根本之意在于社会分工，以及其所产生的所谓“内行外行”的依赖关系。我们都有自己的职业，都有个性化的生存方式，所以，我们之中总有人无暇去训练从而只好去依赖他者的“法律雄辩”。这样，对抗制的诉讼程序，只好滋生专业的雄辩之才——律师。

依赖律师进入诉讼，笼统看去似乎是无可非议的。然而，从资源财富的相对占有量这一维度去看，我们可以发现尴尬的问题。

首先，必须注意，律师从其产生之日起便是一个中产阶级，社会地位的排序以及生活享受的外露，已使我们无法怀疑这一点。当这样一个中产阶级的社会角色和等量齐观的另类中产阶级角色或者更为“有闲”的社会角色从事“入讼”交易之时，当后两者的财富因交易的成功而转向前者之时，我们可以相信，这是社会分工的理所当然。因为，内行提供了外行所需，外行回复了内行的所求。于是，我们没有理由怀疑其中的“正当”问题。

相反，如果作为中产阶级的一部分，律师阶层，通过诉讼之前的交易获取了收入低微、生活拮据的一般民众阶层的财富，那么，我们必须追问其中的“正当”问题。这里的意思，不是在问“为什么律师可以这样取得财富”，而是在问：诉讼无非是解决民众的纠纷，而解决的过程可以是多样的，并非要以“雄辩”为必要条件，那么，为什么底层民众必须要以付出成本（甚至高昂成本）的方式进入解决纠纷的诉讼？

纠纷的解决，时常可以不依赖“法律雄辩”式的包装而获得实现。其实，我们的确有理由怀疑这样一个见解：明智的法官，只有通过双方律师的雄辩，才能作出明智的判决。不难发现，如果法官是明智的，只要他清晰知道了争议的事实以及相关的法律，他就可以作出明智的判决。有时，我们甚至可以想象，由于双方律师的雄辩或曰“智慧的诡辩”，法官倒可能变得视线模糊、判断模棱两可。在这个意义上，收入低微、生活拮据的低层民众以付出成本的方式进入诉讼，就变得有违“正当”了。

我们都不希望“法律诉讼的空间”成为有钱人的空间，更不希望钱财可以决定诉讼的命运。但是，信赖对抗制庭审，从而依赖雄辩，依赖获取财富才能施展雄辩之才的律师符号，诉讼有时就只能是有钱人的天下。这不是说“法律中的雄辩”一无是处，而是说，这种雄辩，以及其所映照的对抗制庭审式的诉讼改革，其背后依然存有裹挟利益驱动的意识形态话语运作，其所带来的利益转换，有时是不光彩的。

话说至此，从另一角度再看“法律雄辩”一类书籍的话语意义，追究其深层的另外一面，则是一个不可避免的结论。

CHAPTER 11

花生仁儿

——读《印第安人咒语》*

悬念的故事情节，其主干被砌筑了“刻写人性”的叙述基石。在阅读悬念的同时，我们也必须体会人性的自我考问，从中反省。

* 原载《文汇报》2001年5月26日，第10版。现题目略有改动。

这像是一个讲述微型生活片段的小小说题目。

不错，著名悬念故事大师希区柯克以其为题，写了一个破案小小说。小说以第一人称方式叙述了一段对白。警察不断地提问，“我”不断地回答。对话的目的指向了一桩杀人案的侦破。花生仁儿就是花生仁儿，只不过因为“我”喜欢吃花生仁儿，所以，临近的人都称“我”为花生仁儿。警察提问的意思，主要是试图在“我”身上挖掘证人的特征。因为，当一对年轻男女发生了口角，女子不幸被“剖腹”致死的时候，“我”正在不远的地方。

警察的提问很认真，“我”的问题回答则十分自然。全部叙述对白都在暗示“我”的确是个证人。最后，警察断定，凶手是那个男性青年，并将“我”作为证人保护起来。可是，就在真相似乎水落石出的时候，“我”，也即这个“花生仁儿”，自言自语地道出了真相：年轻女子怀孕了，“我”为了帮助她解决肚子里的问题，放胎儿出来，用了餐刀，由于出了差错，女子像是被谋杀。

症结出在哪里？出在警察提问的方式不对路。警察先入为主地将“我”当作证人来看，提问的思路，也就走在了“证人调查”之上。警察根本没有三条腿走路：既想“我”也许是证人，又想“我”也许是疑犯，还想“我”可能是误伤。

显然，事情的可能性是多种多样的。故事也许想要表明：从警察这样一个“事后（案件事实发生之后）才做”的角度来看，警察不可能经历真正的事实，只能依赖证据查看一二，而这样一种查看，又只能由某种先入为主的观念所牵引，或者说是“前见”作祟。所以，警察像许多“思考”一样，是会出现错误的。而且，“错误”有时也是隐性的，无法觉察。

小说载于《印第安人咒语》（希区柯克悬念故事集 6，中国电影出版社 2000 年版）一书。

这本书，由精致的短篇悬念故事组成。许多题目，就像“花生仁儿”一样，瞧去使人提神儿，比如“池塘里的眉笔”“不对劲儿的车”“化妆间里的眼药水”“窃贼的浪漫史”“汽车后座上的手”等。就连那些一般化的题目，像“第六个逃犯”“老好人”“姑妈回城”“作家轶事”等，混迹于这些题目之中，也变得骤然增色。一书在手，应该是可以大饱“悬念游戏”眼福的。

希区柯克解释过悬念的意思：

如果要拍一群人围着一张桌子玩牌，然后突然一声爆炸，那么只能拍到一个十分呆板的炸后一惊的场面。然而，即使是表现同一场景，如果先拍桌子下面的定时炸弹，则镜头就造成了悬念，并牢牢抓住了观众。

但是，悬念故事如果仅仅有悬念，也不过是调节一点阅读情趣罢了。然而，希区柯克对人性的负面有着特殊的关注。他笔下的人物，使我们容易联想到犯罪学家龙布罗梭“天生犯罪人”的概念。而且，故事中的重要角色，时常焦虑、内疚、仇恨，或者备受情欲的折磨，充分凸现了心理灵魂的冲突矛盾。这样，悬念的故事情节，其主干被砌筑了“刻写人性”的叙述基石。在阅读悬念的同时，我们也必须体会人性的自我考问，从中反省。

另外，在希区柯克式的意念中，“人性冲突”的基石铺垫通向了“揭发社会自我解构”的背景叙述。人之灵魂和心理的矛盾，同时也折射了社会的矛盾。例如，在常人眼中，警察与罪犯的对立关系是恒久的，警察是一种正义的象征，其角色定位是医治社会的疾病。而罪犯是反抗社会的，是邪恶的撒旦，总是滋养着社会的毒瘤。但是，警察与罪犯终究都是社会意义上的人，他们作为人，是可以转换角色位置的。换言之，当警察进行侦查的时候，他可能因为灵魂心理的矛盾，而变成了罪犯的始作俑者，这是说，他可能由于偏见，由于嫉恨，甚至由于自我感受的冲撞挣扎，而使无辜者成了罪犯，从而进行着“罪犯的生产”，最终，自己成了一名另类的罪犯。在此，社会的角色结构因为人性的矛盾而自我解构了。希区柯克的悬念故事，也在撕开社会的另一面孔。正是因为这样一种深层的挖掘，我们在阅读悬念故事的时候，还必须将社会问题的必要解决方案置于思考的潜层意识之中。

这样一种叙述意念，和另外一些我们熟知的英语世界的著名悬念故事大师如阿瑟·柯南·道尔（Arthur Conan Doyle）、阿加莎·克里斯蒂（Agatha Christie）的构想形成了鲜明的对比。在后两者写作的故事中，我们除了可以知道丝丝入扣、跌宕起伏、引人入胜的事件发展路径之外，只能知道英国侦探福尔摩斯、比利时侦探波洛这些干练的逻辑推理头脑人物和一般罪犯之间所形成的从不相互转化的“正反”对立关系。我们无法深入日常生活的复杂纠葛之中，从而无法深刻反思“对付犯罪”与“犯罪”的辩证关系。

于是，希区柯克笔下的“花生仁儿”的故事，连同“池塘里的眉笔”“老好人”“姑妈回城”等故事，为我们铺开了渐次深入的阅读阶梯。这些轻松随意的题目，其背后累积着丰富沉重的“社会悬念”。

CHAPTER 12

民众之中的法

——读《今日说法》*

当我们深入生活的细节，在生活细节中说法论法的时候，我们已经无法回避“民众参与法律构建”这一基本的正当性问题，我们已经不能单纯地朗读国家法律的文书大字。

* 原载《文汇报》2001 年 5 月 12 日，第 10 版。现题目略有改动。

中央电视台的《今日说法》节目开办有些日子了。风风火火，自是不在话下。时间掐在午饭之际，内容说在情急之中，的确有如雪中送炭。大媒体的优势，加上适时适世，应该令我等之辈流连忘返、不亦乐乎。

但是，电视媒体方式的节目呈现过于即时。虽然，我们可以先睹为快，以解“饥渴”，然而，我们终究不能将其牢牢掌握于股掌之间，仔细玩味，慢慢品尝，直至嵌入我们自己的记忆之中。对于民众急切盼望知晓同时希冀纳入记忆的法律知识来说，这更是有些不可避免的遗憾。于是，我们看到了书籍式的《今日说法》。

四本系列的《今日说法》丛书夺人眼目。未有几日，这《今日说法》已不客气地跃上畅销书的排行榜，大媒体的“话语权力”优势，果然伴随左右。

当然，我们在这里关心的是作为书籍本身的《今日说法》。

“法”一字，在当下，已是我们日常生活用语的关键词。讲法治，或者讲立法、执法、司法、守法，乃至于讲用法（比如，像经济学中所讲的理性人那样“私心地”利用法），都有赖于我们对“法”的理解和对“法”的渐次以及深入把握。一般民众已经意识到，如果希望减少成本进入人际关系，参加社区运作，甚至勇闯极为广袤繁杂的世界“地球村”，了解根植于生活之中然而又提升为国家权力符号的法律秩序，自然是顺理成章的。而且，在我们的视域中，法治的要义还在于法律具有最高的治理权威，而推行法治的过程，实际上又是建立法律的意识形态领导权的过程，使一般民众在明确自己义务的同时，更为关注自己的权利。这样，将法推行于民众之中，当然就成为一项大事业。

事业的展开，尤其是像“说法”这样的大事业的展开，需要细致的贴近生活的叙事手段。因为，事业参与者的主体终究是普罗大众。《今日说法》以十分具体的法律事件作为叙事对象，切开我们身边的关系网络，展现仿佛曾在我们生活记忆中出现过的家长里短，牵引读者进入阅读境遇，这是成功的。自然，在这里，我们需要另外注意，这样一种成功，这样一种细致的贴近生活的叙事手段，不应该简单地被认为是由于或者目的在于“吸引阅读情趣”。如果我们发觉，法律就像“过活”本身一样，是来自现实的，从而又回归现实，那么，我们就会理解，细致的贴近生活的“说法”其实正是在侧面抒发体验生活中的“活道理”，还有“活法律”，而且是与读者相互交流地抒发体验。并且，这是将国家文字式的法律与实际生活中的法律，在“你”“我”“他”之间，建立一座相互融通的思绪桥梁，尽管国家颁布的法律总是自上而下的。

《今日说法》尊重专家的意见。所以，我们看到了专家的在场。在具体个案的叙述场景铺开之后，从事法律职业的法律专家为我们做出了耐心解说。他们在做压轴工作。这里的专家，不是刻板的专家，他们具有自如游刃于具象与理论之间的叙说能力。因为，“说法”终究不是诵法、念法，相反，“说法”是在运用平常百姓的言语讲述法律的纹路，交代法律大厦的细节谱系，从而不断地反复构筑法律肌理与民众观念之间的理解通道。其必要性，是不言自明的。也正因此，专家的解说，当属画龙点睛。

作为一名读者，我在设想，《今日说法》是可以再上一层楼的。

法律来自现实，又回归现实，这已表明法律原本就应该是生活的一部分。生活中的曲直，是复杂的，由此而来的规矩方圆也是多系谱的。一项法律规则形成了，表明在特定的时间空间中，我们拥有了暂时的共同意见。但是，时间空间的变化，自然会引发利益的变化，利益的变化又会导致我们个体“法律意见”的分歧和演进。于是，交流或交换意见就成了法律向前发展变化的基本动力。基于这样一种认识，我们可以认为，如果在讲解法是怎样的同时，又在讨论法应是怎样的，并对现有法提出另类的意见，这对于“说法”而言自是稳健之中显露了“积极的跃动”。普法，其理想的境界终究不单是“告知”，还应有“讨论”。《今日说法》作为书籍，可以就此多做一些。民众和专家，都是可以参加文字讨论的。

此外，虽然国家法律的呈现是自上而下的，但是法律作为社会的秩序最终是自下而上的。其形成，其事业，最终依赖于民众的参与与推动。这不是说法律只能自我萌发，而是说，法律的根基只能是政治意义上的民主运作。暂时的共同意见，当其以法律的形式出现的时候，需要讲解推广式的“说法”。然而，这只能是暂时性的启蒙，暂时需要专家式的人物角色的辅助。此后，在法律意见分歧的背景中，在民众已有意识关注法律生活之际，当人们的利益现实不断处在变动之时，“说法”就应调动民众的参与意识，以期民主的因素潜入法律机制的内里。依此而言，讨论法应是怎样的，实际上是在从事另外意义上的民主大事业。《今日说法》一书，应该而且可以在文字上做得更足。

其实，就像许多以案说法、以事论法的书籍一样，《今日说法》的半只脚无意中掉进了“面对文盲说文解字”的叙述陷阱之中。在法律的语境中，这是部分性的“居高临下”、忘却民主。应该认为，当我们深入生活的细节，在生活细节中说法论法的时候，我们已经无法回避“民众参与法律构建”这一基本的正当性问题，我们已经不能单纯地朗读国家法律的文书大字。毕竟，生活的细节，已是复杂的，可能引发利益的不同。而利益的不同需要民主式的交流讨论。“居高临下”，在深层阶段的“说法”之中，兴许就是不适宜的。

图书在版编目(CIP)数据

法学阅读 / 刘星著 .—2 版(修订本).— 北京:
中国法制出版社,2019.7
ISBN 978-7-5093-9981-1

Ⅰ.①法… Ⅱ.①刘… Ⅲ.①法学—文集
Ⅳ.① D90-53

中国版本图书馆 CIP 数据核字(2019)第 015853 号

策划编辑:胡　艺(ngaihu@gmail.com)
责任编辑:胡　艺　周熔希　　封面设计:蒋怡

法学阅读
FAXUE YUEDU
著者 / 刘星
经销 / 新华书店
印刷 / 三河市紫恒印装有限公司
开本 / 880 毫米 ×1230 毫米　32 开　　印张 / 7　字数 / 160 千
版次 / 2019 年 7 月第 2 版　　2019 年 7 月第 1 次印刷

中国法制出版社出版
书号 ISBN 978-7-5093-9981-1　　定价:39.80 元

值班电话:010-66026508
北京西单横二条 2 号　邮政编码 100031　　传真:010-66031119
网址:http://www.zgfzs.com　　**编辑部电话:010-66034985**
市场营销部电话:010-66033393　　**邮购部电话:010-66033288**
(如有印装质量问题,请与本社印务部联系调换。电话:010-66032926)